환경 용사, 지구를 살려라!

떴다! 지식 탐험대- 환경
### 환경 용사, 지구를 살려라!

초판 제1쇄 발행일 2010년 2월 10일
개정판 제1쇄 발행일 2020년 12월 20일
글 김수경  그림 강희준
발행인 박헌용, 윤호권  발행처 (주)시공사  주소 서울시 성동구 상원1길 22
전화 문의 02-2046-2800  홈페이지 www.sigongsa.com / www.sigongjunior.com

ⓒ 우리누리·강희준, 2010

이 책의 출판권은 (주)시공사에 있습니다.
저작권법에 의해 한국 내에서 보호받는 저작물이므로, 무단 전재와 무단 복제를 금합니다.
ISBN 979-11-6579-279-4 74530
ISBN 979-11-6579-001-1 (세트)

홈페이지 회원으로 가입하시면 다양한 혜택이 주어집니다.
잘못 만들어진 책은 구입하신 곳에서 바꾸어 드립니다.

KC마크는 이 제품이 공통안전기준에 적합하였음을 의미합니다.
제조국 : 대한민국   사용 연령 : 8세 이상
주의 사항 : 책장에 손이 베이지 않게, 모서리에 다치지 않게 주의하세요.

# 떴다! 지식 탐험대

환경

환경 용사, 지구를 살려라!

글 김수경 / 그림 강희준

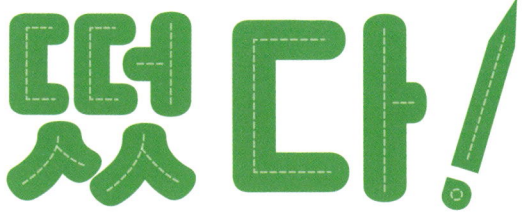

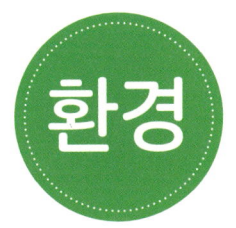

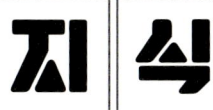

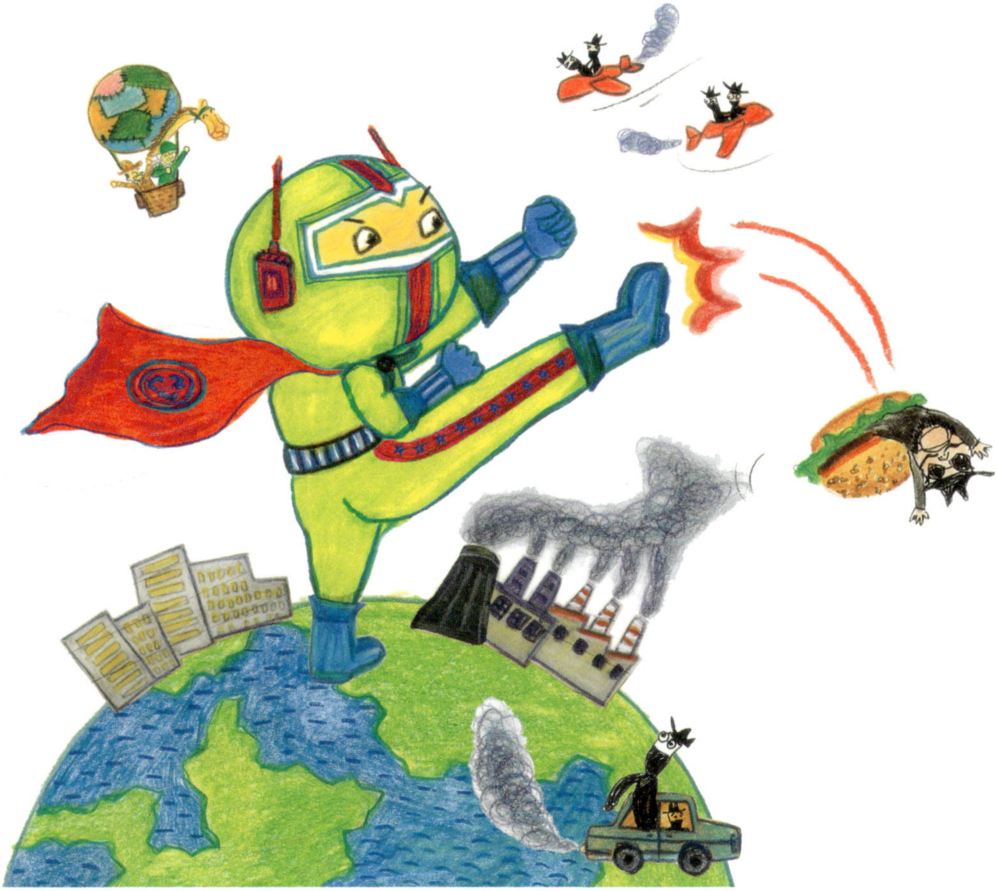

시공주니어

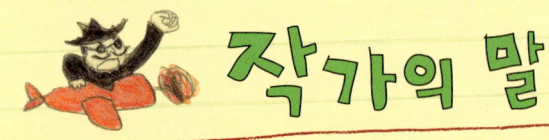

　요즘 텔레비전에서도 인터넷에서도 심심찮게 들리는 이야기가 있어요. 바로 '지구 온난화'에 관한 이야기예요. 북극곰이 위험에 빠졌다고도 하고, 빙하가 녹으면서 바닷물이 높아져 투발루 같은 몇몇 섬나라는 벌써부터 바다에 잠긴다고 해요. 어디 그뿐인가요? 지구 온난화 때문에 지구가 종말을 맞는다는 내용의 영화까지 있는걸요.

　어휴, 이게 다 정말일까요? 그럼 우리가 살아갈 미래는 도대체 어떻게 되는 거죠? "다 농담일 뿐이야. 걱정 마. 아무 문제없어!"라고 말해 주고 싶지만 도저히 그럴 수가 없답니다. 사람들이 지금처럼 환경을 생각하지 않고 마음대로 살아가다가는 진짜 어두운 미래가 올지도 모르거든요.

　정말이지 아무 잘못도 하지 않은 어린이들을 겁주고 싶지는 않아요. 에너지를 펑펑 써 버리고 지구 환경을 파괴한 건 우리 어른들이니까요. 하지만

환경 문제는 우리 모두의 문제잖아요. 지구를 지키려면 다 함께 애쓰는 수밖에 없어요. 우리 모두 열심히 환경 문제에 관심을 갖고, 생활 습관을 하나씩 바꾸어 나가지 않으면 안 된답니다.

전기와 물을 펑펑 쓰고, 여름이면 시원하게 냉방을 하고, 겨울이면 후끈할 정도로 난방을 하는 생활과는 작별해야 해요. 그렇지 않으면 북극곰이 아니라, 이제 사람들이 큰 위험에 빠지고 말 거예요. 에너지가 바닥나 버리면 지구는 다시 원시 시대로 돌아가야 할지도 몰라요. 전기도 없고 자동차도 없는 삶을 상상해 봐요. 연료가 없어서 난방을 못 한다면 겨울에는 어떻게 살까요?

아, 그렇다고 너무 한숨만 푹푹 쉬지는 말아요. 우리가 환경 용사로 거듭나면 지구를 지킬 수 있답니다. 지금부터 책장을 넘기며, 미래에서 온 낙타 아미르와 낙타 아저씨의 이야기에 귀를 기울여 보세요. 지구를 살리는 수많은 방법을 배우고, 아주 작은 일부터 실천해 보세요.

우리가 환경 용사로 거듭날 때까지는 아미르가 콧김을 훅훅 뿜으며 내뱉는 불평을 들어줘야 해요. 뭐, 틀린 얘기도 아니니까요.

"인간들! 정말 너무한 거 아녜요? 지구에 있는 에너지를 싹싹 다 써 버리고, 환경을 모조리 파괴하면 우리 동물들은 어떻게 살란 말이에요? 좀 아껴 쓰고, 나눠 쓰고, 후손을 위해 남겨 놓으라고요!"

김수경

# 차례

작가의 말 4

등장인물 8

환경, 왜 문제일까? 10

햄버거에 숨어 있는 지구 온난화의 비밀 26

내복 한 벌에 숨어 있는 에너지 대책 42

신문지 한 장에 숨어 있는 숲의 미래 58

수도꼭지에 숨어 있는 물 부족 해결책　76

자전거에 숨어 있는 깨끗한 공기 지키기　92

반려동물에 숨어 있는 생태계의 운명　108

비닐봉지에 숨어 있는 지구의 미래　124

밥상 위에 숨어 있는 건강한 내일　140

아미르도 알고 있다 환경 지킴이, 이건 꼭!　22, 38, 54, 72, 88, 104, 120, 136, 152

낙타 아저씨가 귀띔하는 지구 살리기 비법　24, 40, 56, 74, 90, 106, 122, 138, 154

# 등장인물

### 한초록
2010년에 태어난 남자아이. 장래 희망은 과학자, 좋아하는 음식은 햄버거. 밥을 진짜 많이 먹고, 고기라면 정신을 못 차린다. 또한 뭐든 낭비하는 나쁜 습관을 가지고 있다.

### 낙타 아저씨
하얀 머리털을 휘날리며 2049년 미래에서 현재로 온 아저씨. 서울 한복판에 낙타를 타고 나타나서 '낙타 아저씨'라는 별명을 얻었다. 미래에서 환경 용사로 활동하고 있으며, 다짜고짜 자기가 미래의 초록이라고 우긴다.

### 아미르
낙타 아저씨가 타고 다니는 낙타. '아미르'란 아라비아에서 '황태자'를 뜻하는 단어로, 그래서인지 조금 거만하다. 아미르 역시 미래에서 환경 용사로 힘쓰고 있다.

### 꼬물 아저씨

초록이네 동네에서 고물상을 하고 있는 괴짜 아저씨. 취미는 쓰레기통 뒤지기, 음식물 쓰레기로 거름 만들기, 비밀 정원 만들기 등이다. 모든 물건을 재활용하다 보니 입고 있는 옷도 누더기고, 집도 고물투성이다.

### 무야베

'북극 석유 회사'의 회장이자 인터넷 그룹 '아포칼립스'의 대표. 사람들이 에너지를 낭비하고 환경을 파괴하도록 부추긴다. 환경 용사들이 지구를 지키는 걸 방해하려고 틈틈이 교란 전파를 보낸다.

### 아포칼립스

무야베가 만든 인터넷 그룹으로, 무야베처럼 지구 환경을 망치는 데 앞장선 악당들이 모여 있다. 지구 환경을 파괴해서 자기들만 돈을 잔뜩 벌고 있다.

# 환경, 왜 문제일까?

지금까지 지구에는 어떤 일이 일어났으며,
우리는 환경을 지키기 위해 얼마나 많은 노력을 하고 있을까요?
환경 용사가 되기 위해 지금부터 함께 여행을 떠나 보아요!

아미르와 광화문에서……

　그날, 광화문 네거리에는 난리가 났다. 사람들이 떼로 모여 서서 이순신 동상이 있는 쪽을 가리키며 열심히 무언가를 쳐다보고 있었다. 사람들이 서로 밀치며 찻길까지 내려서는 바람에 차들은 도무지 지나갈 수가 없어서 빵빵 경적을 울려 댔다. 이순신 동상 발아래 난데없이 나타난 것은 키가 훌쩍 큰 낙타 한 마리와 하얀 머리털을 휘날리며 그 낙타를 타고 있는 아저씨였다. 서울 한복판에 낙타라니? 모여 선 사람들은 모두들 휴대 전화를 들고 사진을 찍느라 바빴다.
　그 아저씨가 바로 요즘 초록이를 날마다 괴롭히는 '낙타 아저씨'다. 지금 이 순간에도 낙타 아저씨는 요상한 낙타 '아미르'를 타고 초록이를 따라오며 구시렁대고 있었다.

"당장 그 전화기 좀 버리지 못하겠냐?"
"아휴, 정말 왜 그러세요? 요즘 휴대 전화 없으면 왕따 당한다고요!"
"전자파가 얼마나 몸에 해로운 줄 알아? 그건 전화기가 아니라 탄소 괴물이라고!"

초록이는 어떻게든 낙타 아저씨를 따돌리려고 일부러 좁은 골목만 찾아서 요리조리 도망쳤다.

예상한 대로 아미르가 투덜대는 소리가 들려왔다.

"이렇게 좁은 길로는 못 가요. 제 몸집을 좀 보세요."
"잔말 말고 어서 풀쩍 뛰어서 따라와."
"오늘은 가시 풀도 조금밖에 안 줘 놓고서, 흥."

요상한 낙타 아미르는 희한하게도 사람과 말이 통했다. 낙타 아저씨의 말로는 자기들이 미래에서 왔기 때문이라고 한다. 자기가 동물과 의사소통을 할 수 있는 '파동 전환기'를 만들었다나 뭐라나. 낙타 아저씨와 아미르의 수상한 점은 한둘이 아니었다.

잰걸음으로 걷던 초록이는 골목을 거의 다 빠져나왔다 싶을 때쯤 슬쩍 뒤를 돌아보았다. 낙타 아저씨와 아미르는 보이지 않았다.

"히히, 성공!"

그러나 초록이의 기쁨은 얼마 가지 않았다. 골목을 빠져나왔더니 바로 코앞에서 낙타 아저씨와 아미르가 씩 웃고 있는 것이 아니겠는가.

"정말 왜 이렇게 날 따라다녀요? 좀 내버려 두라고요!"
"네가 하도 지구 환경을 해치고 다니니까 그렇지."
"제가 지구를 파괴하는 악당이라도 돼요?"

"맞아. 그렇다니까."
정말 할 말이 없었다. 낙타 아저씨는 늘 초록이를 지구 환경 파괴범으로 몰았다. 초록이네 집에 얹혀사는 주제에 날마다 물을 아껴 써라, 종이는 스물다섯 번씩 재활용해라, 안 쓰는 전자 제품은 플러그를 뽑아라, 하면서 시시콜콜 잔소리를 해 대는 것이었다. 초록이는 귀가 따가워서 도무지 살 수가 없었다. 초록이가 보기에는 낙타 아저씨야말로 소음 공해를 일으키는 환경 파괴범 같았다. 그런데 잠깐, 광화문 네거리에 나타났던 낙타 아저씨가 어째서 초록이와 함께 살게 되었을까?

우선 문제의 그날, 텔레비전에 나왔던 인터뷰를 오른쪽에서 잠깐 살펴보자. 그 인터뷰에 나온 동물원장님이 다름 아닌 초록이네 아빠였다. 초록이 아빠는 낙타 아저씨를 모시고, 아미르를 끌고 동물원으로 갔다. 그때는 낙타 아저씨가 아무리 발버둥을 쳐도 소용없었다. 경찰차 다섯 대가 옆에서 따라가고 있었으니까.

그런데 막상 동물원에 도착하자 안 들어가겠다며 난리 치는 아미르를 가둘 방법이 없었다. 아미르를 동물원에 가둘 수 있는 법률 조항이 없다는 것이었다. 게다가 낙타 아저씨는 갑자기 아미르가 자기의 반려 낙타라고 주장하기 시작했다. 법률가들은 서둘러 법률 조항들을 뒤졌다. 하

## 특집 광화문 네거리에 낙타 아저씨 나타나다!

**기자** 아저씨는 도대체 어디서부터 낙타를 타고 오신 겁니까?

**낙타 아저씨** 아마 말해도 믿지 않을 거요. 난 그냥 여기에 원래부터 있었소. 어디에서 왔느냐고 묻지 말고, 어느 시간에서 왔느냐고 물어보라니까.

**기자** 흠, 그럼 혹시 타임머신을 타고 시간 이동을 하셨다는 말씀이십니까?

**낙타 아저씨** 에잉, 무식하기는……. 세상에 타임머신 따위는 없소. 난 그냥 실수로 웜홀에 빠져 버렸다오.

**기자** 역시 믿기지는 않네요. 어쨌든 그 말이 사실이라면 아저씨는 과거에서 오셨겠네요? 낙타를 타고 오셨고, 또…… 그렇게 누더기를 입고 계신 걸 보니 말입니다.

**낙타 아저씨** 크흠! 난 2049년에 살던 사람이오.

**기자** 2049년이면 미래잖아요! 그런데 왜 행색이……?

**낙타 아저씨** (화를 버럭 내며) 나 참, 이게 어딜 봐서 누더기라는 거요? 이건 환경친화적인 옷이라고! 그리고 내가 낙타를 타고 다니는 이유는, 바로 당신들 때문이오! 당신들이 지구 환경을 완전히 망쳐 놓는 바람에 지구가 얼마나 더워졌는지 아시오? 그리고 에너지는 또 얼마나 부족한데!

**기자** (당황한 듯 다른 곳을 쳐다보며) 아, 잠깐만요. 마침 저기 동물원장님이 오시는군요. 이제 낙타를 동물원으로 보내야 할 시간인 것 같네요. 그럼 이만…….

**낙타 아저씨** 뭐? 우리 아미르를 동물원에 보낸다고? 안 돼! 난 아미르 없이는 하루도 못 살아!

15

지만 우리나라에 낙타를 반려동물로 삼으면 안 된다는 법은 없었다. 게다가 낙타는 사자나 호랑이처럼 무시무시한 맹수도 아니라서, 그냥 두면 사람들에게 해를 끼칠지도 모른다는 이유도 안 통했다. 도로 교통법을 아무리 뒤져 봐도 낙타를 타고 거리를 돌아다니면 안 된다는 법은 없었다. 우리나라 광화문 네거리 한복판에 낙타가 나타날 거라고는 아무도 생각하지 않았으니, 그런 법을 만든 사람도 없었던 것이다.

텔레비전을 본 사람들은 모두들 처음에는 낙타 아저씨가 미쳤다고 생각했다. 미래에서 왔네 어쩌네 하니까 그럴 수밖에. 하지만 딱 그 얘기만 빼면 낙타 아저씨는 너무나도 정신이 멀쩡했다. 오히려 보통 사람보다 아는 것이 더 많았다. 물론 낙타 아저씨를 가둘 방법도 찾을 수가 없었다.

초록이 아빠가 말했다.

"할 수 없군요. 낙타를 동물원에 가두지 않을 테니, 가고 싶은 데로 가세요."

"흠, 하지만 지금은 웜홀을 찾을 수가 없으니 갈 데가 없는데?"

낙타 아저씨는 초록이 아빠를 뚫어져라 쳐다보더니 서둘러 말을 이었다.

"잠깐, 그런데 당신 이름이 뭐요?"

"네? 제 이름요? 한주용인데요."

대답을 들은 낙타 아저씨는 입을 딱 벌렸다.

"뭐? 한주용?"

"왜 그러세요?"

그러자 난데없이 낙타 아저씨가 이렇게 말하는 것 아니겠는가.

"아빠!"

지켜보던 사람들은 하도 어이가 없어서 웃음을 터뜨렸다.
"대체 무슨 말씀이세요? 제가 어떻게 당신의 아빠가 돼요?"
"아빠, 나 한초록이에요."
낙타 아저씨가 대답하자 이번에는 초록이 아빠가 입을 딱 벌렸다.
"네에?"
초록이 아빠의 머릿속은 바쁘게 움직이기 시작했다.

'이상하네. 내가 아들 이름을 알려 준 적이 없는데 어떻게 알았지? 게다가 이 사람 가만 보니 정말 우리 초록이랑 닮은 것도 같은데? 초록이가 늙으면 꼭 이렇게 될 것 같단 말이야. 아니, 그럼 진짜로 이 사람이 미래에서 온 우리 초록이란 말이야?'

초록이 아빠는 믿을 수가 없었다. 하지만 무조건 아니라고 하기에는 또 뭔가 찜찜했다. 초록이 아빠는 오갈 데가 없다는 낙타 아저씨를 자기 집에 데려가기로 마음먹었다. 일단 옆에 두고 지켜보기로 한 것이다.

그날부터 초록이의 시련은 시작되었다. 낙타 아저씨는 자기가 미래에서 온 늙은 초록이라고 우기면서도 이상하게 초록이를 괴롭히는 취미가 있었다.

"어허, 이것 좀 봐. 이렇게 전기를 막 쓰니까 환경이 망가질 수밖에."

방에 불을 켜 놓고 낮잠을 자고 있으면, 어디선가 어김없이 낙타 아저씨가 나타나 초록이의 귀를 홱 잡아당겼다.

"아야, 왜 그래요? 이거 놔요."

"한초록! 전기를 낭비하면 어떻게 된다고 했어?"

"그야 나중에 에너지가

모자라겠죠."

초록이는 볼멘소리로 대답했다. 일단 붙잡힌 귀는 풀고 봐야 했다.

"그뿐이 아니랬지! 전기는 [　　　　]로 만들어지는 거야. 그래서 전기를 마구 낭비하면 [　　　　]가 일어난다고 했어, 안 했어?"

"네? 뭐라고요?"

초록이는 어리둥절해서 낙타 아저씨를 바라보았다. 낙타 아저씨가 말하는 사이사이에 이상한 잡음이 끼어들어 중요한 단어들을 알아들을 수가 없었다.

갑자기 낙타 아저씨가 사방을 두리번거렸다.

"앗! 이거 큰일이군. 그 녀석들이 여기까지 교란 전파를 보내는 모양인데?"

"네? 무슨 말이에요? 누가요?"

"한초록, 정신 똑바로 차려! 넌 환경에 대해 잘 알고, 지구 살리는 비법을 실천하는 환경 용사로 빨리 변신해야 해. 아니면 내년에, 아니 그러니까 내 말은, 2050년에 지구가 멸망할지도 몰라. 알았어?"

초록이는 기가 막혀서 한마디도 대답할 수가 없었다. 도대체 무슨 말을 하는 건지 낙타 아저씨의 머릿속이 의심스러웠다.

그때 큰 소란이 일어났다. 역시 머릿속이 의심스러운 낙타, 아미르가 초록이의 방으로 들어오려고 문 앞에서 다리를 차곡차곡 접고 몸을 비틀고 있었다.

아미르는 방으로 기어 들어오며 노래하듯 말했다.

"전기는 화석 연료로 만들어지지. '화석 연료'란 옛날에 죽은 식물과 동물이 땅속에 묻혀 있다가 오랜 시간에 걸쳐 화석처럼 굳어져 연료로 쓰는 물질이야. 석탄과 석유, 가스 등이 있지. 그래서 전기를 낭비하면 지구 온난화가 일어난다고!"

"오오, 나의 아미르! 역시 너뿐이다. 파동 전환기를 만들길 얼마나 잘했는지. 다행히 그 녀석들이 낙타 목소리까지 방해하지는 못하나 보군."

낙타 아저씨는 방을 가로질러 아미르에게 달려갔다. 그러고는 아미르를 껴안고 쓰다듬고 뽀뽀까지 하며 난리를 쳤다.

그 모습을 보자 초록이는 아미르와 낙타 아저씨만 이 집에서 쫓아낼 수 있다면 무슨 일이라도 할 수 있을 것 같았다.

'어휴, 저 사람이 미래의 나라고? 말도 안 돼!'

초록이는 고개를 절레절레 흔들었다.

모든 게 이상했다. 낙타 아저씨가 하는 말은 한 마디 한 마디 다 이상했고, 낙타인 아미르가 말을 한다는 것도, 그 말을 초록이가 알아듣는다는 것도 이상했다. 그중에서도 가장 이상한 일은 아미르가 대답한 말이 초록이의 귀를 뱅뱅 맴돌며 떠나지 않는다는 것이었다.
"전기는 화석 연료로 만들어지지. 그래서 전기를 낭비하면 지구 온난화가 일어난다고!"

## 야미르도 알고 있다 환경 지킴이, 이건 꼭!

지구 환경은 언제부터 망가지기 시작했을까요? 지금까지 어떤 일이 일어났고, 앞으로는 또 어떻게 될까요? 아래 나온 환경 연대기를 살펴보면서 생각해 보세요.

| | |
|---|---|
| **서기 1년** | 약 3억 명이 지구에 살고 있었다. |
| **1804년** | 세계 인구가 약 10억 명이 되었다. |
| **1872년** | 영국의 화학자 로버트 스미스가 산성비를 처음 확인했다. |
| **1874년** | 강력한 살충제인 DDT가 만들어졌다. DDT는 농약으로도 쓰였으나, 땅과 물을 오염시켜 지금은 쓰지 못한다. |
| **1952년** | 영국에서 런던 스모그 사건이 일어났다. 공장에서 나오는 연기와 배기가스 때문에 일어난 환경 재난으로, 런던은 매연과 안개가 합쳐진 스모그로 뒤덮였고 많은 사람들이 호흡기 질병을 일으켰다. |
| **1970년** | 미국 상원 의원인 게이로드 넬슨의 제안으로 4월 22일에 제1회 '지구의 날' 행사가 열렸다. |
| **1971년** | 캐나다 밴쿠버 브리티시컬럼비아에서 국제 환경 보호 단체 '그린피스'가 탄생했다. |
| **1972년** | 스웨덴의 스톡홀름에서 '국제 연합 인간 환경 회의'가 열렸다. |
| **1976년** | 이탈리아 세베소의 제약 회사 공장에서 다이옥신 등 독성 있는 화학 물질이 대기로 흘러 들어갔다. 이 사고로 수만 마리의 동물이 죽거나 병들었고, 사람들은 피부병에 걸렸다. |
| **1979년** | 독일에서 환경 보호를 주장하는 '녹색당'이 만들어졌다. |
| **1985년** | 영국의 조 파먼 박사 연구 팀이 남극 하늘에서 '오존 홀'을 발견했다. '오존 홀'은 오존층이 구멍이 뚫린 것 같은 상태가 되는 현상으로, 에어컨이나 스프레이에 들어 있는 '프레온 가스'가 원인이다. |

| 1986년 | 우크라이나에서 체르노빌 원자력 발전소가 폭발했다. 그때 쏟아진 방사능으로 수많은 사람들이 목숨을 잃었다. 그 뒤로도 오랫동안 그곳에 살던 많은 사람이 암에 걸리고 기형아를 낳는 등 후유증이 이어졌다. |
| --- | --- |
| 1992년 | 브라질 리우에서 여러 나라가 모여 지구 환경 보호 문제를 논의하는 '지구 환경 정상 회의'가 열리고 지구 환경과 개발에 관한 원칙인 '리우 지구환경선언'이 채택되었다. |
| 1995년 | 미국에서 최초로 유전자를 조작해서 콩을 만들었다. |
| 1996년 | 영국 로슬린 연구소에서 복제 양 돌리가 태어났다. |
| 1997년 | 지구 온난화에 따른 '엘니뇨'로 인도네시아에서 큰 산불이 일어났다. '엘니뇨'란 남아메리카 페루 연안의 바닷물 온도가 올라가는 현상으로, 엘니뇨가 일어나면 대기가 건조해서 산불이 일어나기 쉽다. |
| 2002년 | 태평양의 작은 섬나라 투발루가 지구 온난화로 해수면이 높아져 바닷물에 잠길 위험에 놓였다. 투발루 사람들은 다른 나라로 이사를 가기 시작했다. |
| 2006년 | 남아메리카 서쪽 안데스 산맥의 작은 빙하가 녹기 시작했다. 늘 얼어 있는 땅인 '영구 동토대'가 녹아 러시아와 캐나다의 건물과 도로가 망가졌다. |

## 앞으로는 무슨 일이 일어날까요?

| 2050년 | 거대한 해일 같은 급격한 해수면의 상승이 세계 곳곳에서 매년 발생하기 시작한다. 전 세계 인구 5백만 명 이상이 물 부족에 시달린다. |
| --- | --- |
| 2100년 | 히말라야산맥의 빙하 70%가 녹아서 사라진다. 해수면이 높아져서 작은 섬들과 여러 도시들이 물에 가라앉는다. 해양 생태계도 달라진다. 해양 자원에 의존하며 살아 왔던 지역 사회들이 식량 문제를 비롯한 생계 문제에 맞닥뜨린다. 대한민국 대부분의 지역이 아열대 기후로 바뀐다. |

# 낙타 아저씨가 귀띔하는 지구 살리기 비법

지구를 살리기 위해서 가장 먼저 해야 할 일은 뭘까요?

아주 간단해요. 정답은 환경 문제에 관심을 기울인다! 환경 문제에 관심이 없다면 아무런 해결책도 나올 수가 없지요. 지금부터 어떻게 하느냐에 따라서 여러분이 살아갈 미래가 편안할 수도 있고, 굉장히 힘들어질 수도 있어요. 그러니 환경 문제는 그저 지식으로 알아 두거나, 숙제로 조사할 때만 관심을 가질 일이 아니랍니다. 환경은 여러분의 삶에 큰 영향을 끼치니까요.

자, 그럼 환경 문제가 중요하다는 생각이 들기 시작했으면, 그다음에 할 일은 무엇일까요? 내가 지금 환경 문제에 대해 얼마나 알고 있는지 살펴봐야 해요. 다시 말해, 나는 얼마나 환경을 아끼며 살아가고 있는지 돌아보는 거예요.

그럼 간단한 테스트를 한번 해 볼까요? 오른쪽에 있는 질문에 예, 아니오를 체크해 보세요. '아니오'라는 답이 다섯 개가 넘으면 곤란해요. 그런 어린이는 이 낙타 아저씨가 꽁무니를 졸졸 따라다니면서 잔소리를 해야겠어요.

혹시 열 개 모두 '예'라고 답한 어린이가 있나요? 있다고요? 아주 훌륭해요! 아저씨와 함께 환경 용사로 활동하면 되겠네요!

- 세수할 때는 물을 받아서 쓰고, 이를 닦을 때는 수도꼭지를 잠근다.   예   아니오
- 휴지는 필요한 만큼씩 뜯어 쓴다.   예   아니오
- 쓸데없이 켜 있는 전등은 바로 끈다.   예   아니오
- 엘리베이터 작동 단추를 장난으로 누르지 않는다.   예   아니오
- 캔, 플라스틱, 종이 등 쓰레기는 분리해서 버린다.   예   아니오
- 냉장고는 자주 여닫지 않는다.   예   아니오
- 컴퓨터를 쓰고 나서는 전원을 끄고 플러그를 뽑는다.   예   아니오
- 가까운 거리는 걷거나 자전거를 타고 다닌다.   예   아니오
- 고기를 지나치게 많이 먹지 않는다.   예   아니오
- 친구들과 환경 문제에 대해 이야기를 나눈다.   예   아니오

# 햄버거에 숨어 있는
# 지구 온난화의 비밀

화석 연료를 많이 쓰면 이산화 탄소가 나와서 지구가 점점 더워져요. 그러면 수많은 환경 문제가 일어나지요. 지구 온난화를 일으키는 원인에는 또 무엇이 있을까요? 어떻게 지구 온난화를 막을 수 있는지 알아보아요!

 "으음, 역시 햄버거는 커야 제맛이야! 두툼한 고기가 두 덩이는 들어 있어야 먹을 맛이 나지."

 초록이는 턱이 빠져라 입을 벌려서 햄버거를 한입 썩 베어 물고는 우적우적 씹었다. 얼굴에는 행복한 웃음이 떠나질 않았다. 햄버거는 초록이가 가장 좋아하는 음식이다. 초록이는 아침, 점심, 저녁으로 햄버거만 먹고 살라고 해도 절대 질리지 않을 것 같았다.

 초록이는 콜라를 한 모금 쭉 빨고 나서 다시 햄버거를 베어 물었다. 그 때 달갑지 않은 목소리가 초록이의 귓전을 때렸다.

 "쯧쯧. 내가 저랬군, 저랬어. 내가 저렇게 햄버거를 좋아했다니……. 어이구, 창피해라. 누가 알까 봐 겁나는군."

목소리의 주인공은 다름 아닌 낙타 아저씨였다.

'휴, 이제 햄버거 하나도 마음 놓고 먹지 못하게 날 따라다니는군.'

초록이는 입안에 가득 든 햄버거를 씹느라 얼른 낙타 아저씨에게 대꾸할 수가 없었다.

낙타 아저씨가 초록이의 뒤통수에 알밤을 먹이며 말했다.

"이 녀석아, 먹어도 하필이면 그렇게 큰 햄버거냐? 꼭 그렇게 고기가 두 덩이나 든 걸 먹어야겠어?"

초록이는 얼른 입안에 든 고기를 삼킨 다음 반항을 시작했다. 하고픈 말이 산더미였다.

"먹을 때는 개도 안 때린다던데, 왜 때려요? 남이야 햄버거를 좋아하든 핫도그를 좋아하든 무슨 상관이에요? 그리고 '내가 저렇게 햄버거를 좋아했다니.'라뇨? 어떻게 낙타 아저씨가 나예요?"

초록이는 불만이 한두 가지가 아니었다. 낙타 아저씨는 아직도 자기가 '미래의 초록이'라고 주장했다. 그러니까 자기는 미래에서 왔고, 자기랑 초록이는 같은 사람이라는 거다. 하지만 그게 어디 말이나 되나? 어떻게 초록이가 두 명 있을 수 있겠는가.

"증거를 대 봐요, 증거를! 낙타 아저씨가 미래에서 온 나라는 증거를 대 보라고요."

초록이는 잔뜩 화가 나서 씩씩거렸다.

"내 머릿속에 들어 있는 기억이 바로 증거다. 네가 지금 하는 행동 하나하나가 다 기억난다고! 아이고, 지금 생각하니까 내가 왜 저랬는지 창피해 죽겠네."

"그게 무슨 증거예요? 그걸 어떻게 믿어요?"

"시끄러워, 이 녀석아. 그만 떠들고 햄버거나 먹어!"

"언제는 햄버거를 먹지 말라면서요?"

낙타 아저씨가 한숨을 쉬며 말했다.

"물론 햄버거는 지구 온난화를 일으키는 주범이니까 햄버거를 안 먹는 게 좋다만, 이미 먹기 시작했으니까 먹던 건 다 먹으란 말이다. 음식을 남기면 음식 쓰레기가 또 지구 온난화를 일으키니까."

"햄버거가 지구 온난화를 일으킨다고요? 쳇, 날 아주 바보로 아시는 모양인데, 저도 지구 온난화에 대해서 알 만큼은 안다고요. 지구 온난화는 사람들이 화석 연료를 너무 많이 써서 지구가 더워지는 거잖아요. 근데 햄버거하고 지구 온난화하고 무슨 상관이에요? 괜히 날 트집 잡으려고 그러는 거면서……."

초록이는 큰소리를 땅땅 치고는 햄버거를 다시 베어 물었다. 화석 연료와 지구 온난화에 대해서라면 초록이도 잘 알고 있었다.

"호, 제법인데? 요 녀석, 생각보다는 똑똑한걸? 하긴 그러니까 내가 지금 환경 용사가 됐겠지만……."

초록이가 들고 있던 햄버거를 순식간에 다 먹어 치우면서 말했다.

"자꾸 헷갈리게 말하지 말아요! 난 초록이, 낙타 아저씨는 낙타 아저씨!

누구 얘기인지 확실히 말하라고요! 내가 똑똑한 거랑 낙타 아저씨가 환경 용사인 거랑 무슨 상관이에요? 어? 잠깐, 근데 낙타 아저씨가 '환경 용사'라고요? 그게 뭔데요?"

"환경 용사가 뭐냐고? 그 얘기를 하기 전에 먼저 햄버거 얘기부터 해 주마. 다 먹었냐? 다 먹었으면 어서 가서 종이랑 플라스틱이랑 나눠서 버리고 와."

낙타 아저씨가 베란다에 놓여 있는 쓰레기 분리수거함을 가리켰다.

"이런 건 엄마가 다 알아서 치우는데……."

초록이는 투덜거리면서 베란다로 걸어갔다.

"안녕, 초록아?"

베란다 한쪽에서 커다란 머리가 갑자기 튀어나왔다. 괴상한 낙타 아미르였다.

"깜짝이야!"

초록이는 놀라서 들고 있던 쓰레기를 바닥에 떨어뜨렸다. 그걸 보더니 아미르가 햄버거 포장지에 코를 대고 킁킁거렸다.

"뭐야, 너도 햄버거 먹고 싶냐?"

아미르가 펄쩍 뛰며 말했다.

"뭐? 내가 햄버거를? 너 미쳤니? 햄버거엔 고기가 들어 있잖아! 아휴, 끔찍해라. 말도 안 되는 소리! 이래 봬도 난 '환경 용사' 낙타라고. 난 그저 쓰레기를 줄이려고 종이를 먹어 줄까 하고 살펴본 거야. 하지만 안 되겠다. 종이에 코팅이 되어 있어. 되새김질을 하는 내 위도 이걸 견뎌 내진 못할 거 같아."

"뭐? 너도 '환경 용사' 낙타라고? 도대체 그게 뭔데? 그리고 왜 너까지 햄버거 먹는 사람을 범죄자 취급하는 거야?"

"그야 햄버거가 지구 온난화의 주범이니까."

아미르도 낙타 아저씨랑 똑같은 소리를 했다.

"햄버거가 무슨 잘못이 있다고!"

초록이는 불끈했다. 낙타 아저씨와 아미르가 환경 용사라면, 초록이는 햄버거 용사다. 햄버거를 욕하는 건 참을 수 없다. 초록이는 일부러 퉁탕거리며 쓰레기를 분리수거함에 넣은 뒤 돌아왔다.

"자, 말해 봐요! 도대체 햄버거가 무슨 죄죠?"

낙타 아저씨가 초록이를 보며 말했다.

"초록아, 내 말을 잘 들어라. 지구 온난화를 일으키는 온실가스로는 ☐☐☐☐, ☐☐☐☐ 등이 있다."

또다시 이상한 잡음이 끼어들어 귀를 따갑게 했다. 중요한 단어만 알

아들을 수 없게 쏙쏙 빠져 버렸다.

낙타 아저씨가 주변을 두리번거리며 말했다.

"이런, 큰일이군! 그 녀석들이 또 교란 전파를 보내고 있어."

아미르가 다리를 구부려 거실로 들어오며 대꾸했다.

"어휴, 악당들 기술이 점점 좋아지는 모양이에요. 어서 빨리 초록이를 환경 용사로 변신시켜야겠어요."

"그래. 이대로 있다가는 그 녀석들 뜻대로 지구가 다 녹아 버리겠어."

낙타 아저씨와 아미르 둘이서 쑥덕거렸다. 초록이는 무슨 이야기인지 하나도 알아들을 수가 없었다.

초록이가 둘 사이에 끼어들며 물었다.

"도대체 무슨 말이에요? 그 악당들이 누구예요? 그리고 날 변신시키다니 무슨 얘기죠?"

"초록아, 잘 들어라. 네가 환경 용사로 변신해야 해. 그래야만 악당들의 공격을 막을 수가 있단다. 그 녀석들은 지구 환경을 파괴하는 악당들

이야. 아미르와 내가 지구를 지키는 걸 방해하지. 우리가 미래에서 여기로 온 까닭은 바로, 널 좀 더 빨리 환경 용사로 만들기 위해서야. 그러니까 넌 내가 하는 질문들의 답을 꼭 알아맞혀야 해. 네 환경 지식이 늘어야만 그들이 힘을 잃거든. 자, 초록아. 대답해 봐라. 지구 대기를 오염시켜 지구 온난화를 일으키는 온실가스에는 어떤 것들이 있지?"

초록이는 당황하여 중얼거렸다.

"모, 모르는데요."

"어허, 이거 큰일이네."

낙타 아저씨가 혀를 끌끌 찼다. 아미르가 도도하게 말했다.

"할 수 없네요. 일단 제가 초록이에게 답을 알려 줄게요. 초록아, 잘 들어! 지구 온난화를 일으키는 대표적인 온실가스로는 이산화 탄소와 메탄이 있어."

낙타가 사람보다 똑똑하다니, 초록이는 괜히 뿔이 났다.

"그래서 뭐가 어쨌다고요? 그게 햄버거랑 무슨 상관이에요?"

초록이가 툴툴댔다. 지구 환경을 파괴하는 악당이니 뭐니 하는 얘기들이 다 거짓말 같았다. 그저 햄버거를 못 먹게 하려고 꾸민 말들이 아닐까 의심스러웠다.

낙타 아저씨가 얼굴을 찌푸리며 말했다.
"쯧쯧, 네가 좋아하는 햄버거에 든 고기! 그 고기를 얻기 위해서 기르는 소들이 트림을 한 번씩만 해도 얼마나 많은 메탄이 나오는 줄 아냐?"
"네? 트림요?"
초록이는 어처구니가 없었다.
"그래, 트림! 게다가 방귀는 또 어떻고! 2049년에는 세계에서 기르는 가축 수가 무려 천 억 마리나 돼. 소들은 메탄을 뿜어 대는데, 바로 이 메탄이 온실가스의 18%나 차지한다고. 그뿐인 줄 알아? 소들이 싸는 똥을 치우느라 물이 오염되고 있어. 게다가 소들을 놓아기르고 소들이 먹을 풀을 기르느라, 정작 사람이 먹을 식량을 키울 땅이 모자란다고!"

아미르도 한마디 했다.

"오래 살고 싶으면 나처럼 채소만 먹어. 안 그랬다가는 2050년에 지구가 폭삭 망해 버릴지도 모르니까."

초록이가 씩씩거리며 말했다.

"아니, 햄버거 좀 먹었다고 지구가 망해요? 나 참, 걱정이 너무 지나치신 거 아니에요? 좋아요, 소들이 트림하고 방귀를 뀌면 메탄이 나오죠. 그게 지구 온난화를 일으키고요. 그런데 대체 지구 온난화가 왜 그렇게 문제인 거죠? 지구가 따뜻해지면 좋은 점도 있는 거 아니에요? 온도가 고작 1, 2°C 올라가는 게 뭘 그리 큰일이라고 다들 난리예요? 난 여름이 더 좋던데."

햄버거를 먹지 말라고 하니까 절로 화가 난 것이다. 낙타 아저씨와 아미르가 또 쑥덕거렸다.

"쯧쯧. 저것 좀 봐. 어쩜 저렇게 그 녀석들이랑 똑같은 이야기를 하는지."

아미르도 혀를 차며 초록이를 놀렸다.

"그러게 말이에요. 초록이는 환경 용사가 되긴 정말 다 틀렸나 봐요."

"어휴, 그 악당들이 누군데요? 내가 누구랑 똑같다는 거예요?"

아미르가 커다란 눈망울로 초록이를 뚫어져라 바라보며 물었다.
"초록이 너, 혹시 그린란드에 몰래 땅이라도 사 놓았냐?"
"뭐라고? 내가 돈이 어디 있어서 땅을 사?"
"정말 이상하다. 지구 온난화를 반기는 사람들은 그 녀석들밖에 없는데……."
"아 글쎄, 그게 누구냐고!"
초록이는 더는 못 참고 소리를 꽥 질렀다.

## 아미르도 알고 있다 환경 지킴이, 이건 꼭!

지구 온난화는 지구의 평균 기온이 점점 높아져 지구가 더워지는 현상을 말해요. 지난 133년 동안 지구의 평균 기온은 0.85°C 정도 높아졌어요. 온실가스 배출량이 이대로 계속될 경우, 과학자들은 2100년까지 지구 온도가 3.7°C 정도 더 높아질 거라고 해요.

평균 기온이 높아지는 까닭은 온실가스들이 담요처럼 지구 대기를 둘러싸 지구가 온실처럼 따뜻해지기 때문이에요. 이런 현상을 '온실 효과'라고 하지요.

### 온실가스에는 어떤 것들이 있을까요?

**이산화 탄소:** 온실가스의 대표 선수는 바로 이산화 탄소예요. 이산화 탄소는 온실가스의 약 78%를 차지하지요. 18세기 후반 산업 혁명이 일어난 뒤로 사람들은 엄청난 양의 화석 연료를 썼어요. 화석 연료를 쓰면 이산화 탄소가 나와요. 집에 난방을 하고, 자동차를 타고 다니고, 공장을 돌리는 동안 끊임없이 이산화 탄소가 만들어지는 거예요. 긴 인류 역사 동안 이렇게 많은 이산화 탄소가 나온 적은 없었답니다.

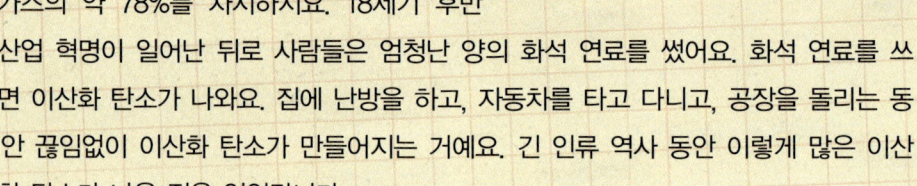

**메탄:** 메탄은 온실 효과를 일으키는 능력이 이산화 탄소보다 약 20배나 더 강해요. 메탄은 주로 쓰레기가 썩을 때 많이 나와요. 농사에 쓰는 퇴비가 썩을 때도 나오고, 벼가 자라는 논바닥에서도 유기물의 부패를 도와주는 미생물에 의해 메탄이 나오지요. 또 초식 동물이 풀을 소화시킬 때 나오는 트림과 방귀에서도 메탄이 나온답니다.

그 밖에도 농작물을 재배하기 위해 뿌린 비료에 들어 있는 질소, 거름에서 생기는 아산화질소, 에어컨이나 스프레이 등에 들어 있는 프레온 가스도 온실가스들이랍니다.

### 지구 온난화는 어떤 문제를 일으킬까요?

지구의 평균 기온이 1°C 올라간다는 것은 그저 날씨가 좀 더 따뜻해졌다는 뜻이 아니에요. 평균 기온이 높아지면 지구의 날씨와 환경에 많은 변화가 일어나요. 어떤 변화인지 알아볼까요?

• 극지방의 빙하가 녹아 바닷물이 불어나요. 그렇게 되면 바닷가에 있는 도시들이 물에 잠기지요. 몇몇 섬은 바닷물에 가라앉아 아예 사라질 거예요.

• 날씨 변화가 심해져요. 타는 듯한 가뭄과 무지막지한 폭풍, 홍수, 태풍이 지구의 이곳저곳에 마구 몰아치게 돼요. 사막으로 변하는 땅들도 많이 생겨나지요.

• 전염병이 일어날 확률이 높아져요. 말라리아나 뎅기열처럼 열대 지방에만 있던 전염병들이 넓은 지역으로 퍼져 나가요.

• 생물 수가 줄어들고 살아가는 방식이 변해요. 극지방이 더워져 펭귄과 북극곰의 수가 줄어들고, 새들이나 곤충들의 생태가 바뀌어요. 사라지는 동식물의 수도 늘어난답니다.

# 낙타 아저씨가 귀띔하는 지구 살리기 비법

지구 온난화는 지구를 뜨거운 사막으로 만들어 버릴지도 몰라요. 수많은 동식물을 멸종시킬 수도 있지요. 이런 무서운 일이 벌어지는 걸 가만히 지켜볼 수만은 없겠죠? 우리 모두 환경 용사가 되어서 지구를 지켜야 해요.

지구 온난화를 막으려면 이산화 탄소와 메탄의 양을 줄여야 해요. 그건 바로 에너지를 아껴 쓰는 길이기도 하지요. 난방을 줄이고, 자동차를 덜 타고 다니고, 물건을 아껴 쓰면 그만큼 온실가스가 덜 나올 거예요.

지구를 살리는 일은 아주 작은 것들에서부터 시작돼요. 낙타 아저씨가 먼저 몇 가지 방법을 가르쳐 줄 테니까, 여러분도 또 다른 방법들을 찾아봐요. 그리고 나한테도 꼭 알려 주세요!

### 햄버거와 고기를 덜 먹자!

고기를 덜 먹는 게 메탄을 줄이는 길이라는 건 이제 잘 알지요? 그뿐이 아니에요. 햄버거 하나를 만드는 데는 엄청난 에너지가 쓰인답니다. 소가 먹을 풀을 기르기 위해 숲을 없애고, 엄청난 화학 비료를 써요. 또 풀을 다시 사료로 만드느라 공장을 지어 돌리지요. 쇠고기 1kg을 얻기 위해 사료가 10kg이나 들어간답니다. 자, 이제 날마다 햄버거를 먹을 생각은 그만!

### 음식을 남기지 말자!

음식물 쓰레기는 메탄 공장이나 다를 바 없어요. 버려진 음식물이 썩으면서 메탄을 풍풍 뿜어내거든요. 지구를 생각한다면 밥알 하나 남기지 말고 다 먹자고요!

### 에어컨을 덜 켜자!

에어컨을 켜면 세상이 1°C 시원해지는 게 아니라, 지구가 1°C 더워진답니다. 에어컨을 돌리느라 화석 연료를 쓰니까 이산화 탄소가 나오고, 에어컨에서 나오는 프레온 가스도 온실가스로 지구 온난화를 앞당기지요. 프레온 가스는 오존층도 파괴해요.

### 컴퓨터를 아껴 쓰자!

컴퓨터 한 대를 만드는 데도 어마어마한 에너지가 쓰여요. 컴퓨터 한 대를 만들려면 1.8t의 화학 물질과 화석 연료, 물이 필요해요. 또한 컴퓨터에 들어가는 마이크로 칩 하나를 만드는 데 자동차 한 대를 만들 때보다 2000배나 많은 이산화 탄소가 생겨나요. 컴퓨터를 쓸 때도 1년에 0.1t의 이산화 탄소가 나오지요. 또한 컴퓨터를 버리면 카드뮴과 수은이라는 나쁜 물질이 흘러나와 땅을 오염시킨답니다.

### 가까운 곳에서 키운 농산물을 사 먹자!

지구 반대편에서 건너온 오렌지, 커피, 바나나, 쇠고기 등을 먹는 것보다는 우리나라에서 키운 과일, 쌀, 채소 등을 먹는 게 좋아요. 농산물이 지구 반대편에서 여기까지 오는 동안 차나 비행기, 배를 타고 오면서 많은 연료를 쓰고 이산화 탄소를 만들어 내니까요.

### 쓸데없는 쇼핑을 줄이자!

무엇이든 적게 사고, 아껴 쓰는 게 지구 온난화를 없애는 최고의 비법이랍니다. 물건을 아껴 쓰고, 나눠 쓰고, 바꿔 쓰고, 다시 쓰세요! 쓸데없는 쇼핑을 줄일 수 있을 거예요.

### 대나무를 심자!

식물은 이산화 탄소를 마시고 산소를 내놓아요. 숨어 있는 환경 용사이지요. 그중에서도 대나무는 아주 대단해요. 대나무는 이산화 탄소 마시는 걸 아주 좋아하거든요. 나무와 뿌리에 이산화 탄소를 저장하면서 쭉쭉 자라나지요. 대나무를 심으면 지구 온난화를 줄일 수 있어요.

# 내복 한 벌에 숨어 있는
# 에너지 대책

석유나 전기 같은 에너지들은 언제나 펑펑 솟아나는 것이 아니에요.
사람들이 이렇게 에너지를 낭비하면 미래 사람들은 어떻게 살까요?
화석 연료를 대체할 수 있는 대체 에너지에는 무엇이 있는지 알아보아요!

"지구를 먹어 치우는 괴물!"

아미르가 고개를 쳐들고 콧김을 훅 뿜으며 말했다.

"무야베!"

낙타 아저씨는 얼굴이 붉으락푸르락 마구 바뀌었다.

"괴, 괴물요?"

초록이가 더듬거리며 물었다. 지구를 먹어 치우는 괴물이라고? 초록이의 머릿속에 커다란 육식 공룡 같은 괴물의 모습이 절로 떠올랐다.

낙타 아저씨가 눈을 부릅뜨며 말했다.

"무야베는 '북극 석유 회사'의 얼굴 없는 회장이야. 인터넷 그룹 '아포칼립스'의 대표이기도 하지."

"얼굴이 없다고요?"

초록이의 머릿속에 떠올랐던 괴물의 얼굴이 재빨리 사라졌다.

"얼굴이 진짜로 없다는 게 아니고, 뒤에 숨어서 조종하는 녀석이라고. 무야베는 아주 고약한 악당이야. 벌써 수십 년 전에……. 음, 그러니까 바로 지금쯤이겠군. 초록이 네가 살고 있는 지금 말이야. 무야베는 대서양과 북극해 사이에 있는 섬 그린란드의 땅을 야금야금 사들였어. 지구 온난화가 얼른 진행되기를 손꼽아 기다리면서 말이지. 왜냐고? 지구 온난화로 그린란드의 빙하가 녹아내리면 그 아래 묻힌 석유를 캐내려는 거야. 엄청난 빙하 땅을 사들인 무야베는 '북극 석유 회사'를 차렸어. 그리고 지구 온난화가 빨리 이루어지게 하려고 사람들을 부추겨서 에너지를 마구 쓰게 했지."

낙타 아저씨는 두 주먹을 불끈 쥐더니 갑자기 고개를 홱 돌려 초록이를 노려보았다.

"무야베가 너하고 똑같은 이야기를 했어! '지구 온난화가 일어나면 지구가 따뜻해져서 아주 좋아요. 북극으로 관광을 갈 수도 있답니다.' 이런 말로 사람들을 꾀었지. 무야베는 진짜로 북극 바다에 관광지를 만들었어. 멸종해 가는 북극곰을 가둔 동물원, 녹아서 토막 난 빙하를 타고 구경하는 북극 바다 등등. 그러고 보면 머리가 아주 좋은 녀석이란 말이야. 그 좋은 머리를 지구를 파괴하는 데 쓰다니……."

아미르도 비좁은 거실을 왔다 갔다 하며 중얼거렸다.

"사람들이 무야베 말만 믿고 에너지를 마구 낭비해서 2049년에는 전 세계에 있던 석유가 다 없어지고 북극에 있는 것밖에 남지 않았어. 무야베는 바로 이때를 기다린 거야. 초록이 너, 2049년에는 석유가 얼마나 비싼지 알기나 해? 무야베 혼자만 떼돈을 벌고 다른 사람들은 다 망했어. 게다가 사람들이 화석 연료를 팡팡 써 버리는 바람에 지구 온난화가 더 빨리 이루어졌어. 섬들이 바닷속으로 가라앉고, 태풍으로 수많은 도시가 무너졌지. 어떤 나라는 온통 사막으로 바뀌었어."

"이야, 정말 나쁜 사람이네. 아니, 그런데 왜 내가 그런 악당하고 똑같다는 거예요?"

낙타 아저씨와 아미르가 앞다투어 초록이에게 말했다.

"지구 온난화가 일어나면 좋은 거 아니냐며?"

"초록이 너, 햄버거만 좋아하잖아. 전기는 만날 낭비하고."

초록이가 슬슬 눈길을 피하며 말했다.

"그거야 잘 몰라서 그렇게 말한 거죠. 그리고 저 요즘에는 전기를 낭비하지 않아요. 낙타 아저씨가 졸졸 따라다니며 잔소리를 해 대니 낭비하려고 해도 할 수가 없다고요."

그때 마침 창밖에서 시끄러운 소리가 들려왔다.

"고물 삽니다. 고물. 못 쓰는 냄비, 신발, 나무토막, 재활용품, 망가진 가전제품, 뭐든지 갖고 나오세요. 최신 유행 빨간 내복하고 바꿔 드립니다. 겨울을 대비하세요."

고물 트럭에서 흘러나오는 소리였다. 그 뒤를 이어 아이들이 와글와글 떠드는 소리도 들려왔다.

"꼬물 아저씨는 꼬물꼬물!"

"쓰레기 트럭 같아. 냄새나!"

"저 옷 좀 봐. 누더기가 따로 없네."

"우헤헤! 최신 유행 빨간 내복이라고?"

동네 아이들이 꼬물 아저씨를 따라가며 놀려 대는 소리였다.

"어? 꼬물 아저씨다!"

초록이는 얼른 베란다로 다가가 창문을 활짝 열었다.

꼬물 아저씨는 초록이와 친구들이 즐겨 따라다니며 놀려 대는 동네북이었다. 초록이는 자기도 아이들과 함께 꼬물 아저씨를 따라가고 싶었다. 꼬물 아저씨네 고물상은 신나는 놀이터였다.

아미르가 창밖으로 고개를 쑥 내밀었다.

"아니, 이 동네에 저런 훌륭한 사람이 숨어 있었어?"

낙타 아저씨도 창밖을 흘끔 내다보며 말했다.

"음, 저 사람은 진정한 환경 용사감인걸?"

초록이가 물었다.

"아까부터 궁금했는데, 그 환경 용사라는 게 도대체 뭐예요?"

"우리가 사는 2049년에는 환경 문제가 너무 심각해서 나라에서 특별히 환경 용사를 뽑았단다. 지구를 지키는 슈퍼맨 같은 사람이지."

"우아! 슈퍼맨요?"

"너도 환경 용사가 되고 싶으면 에너지를 아껴 써라. 지구 온난화 문제는 곧 에너지 문제, 에너지 문제는 곧 지구 온난화 문제니까!"

아미르가 밖으로 나가며 투덜거렸다.

"인간들 때문에 지구가 남아나질 않는다니까. 우리 동물들은 모두 먹이에서 에너지를 얻는데, 인간들은 땅을 마구 파헤쳐서 석유를 캐고, 가스를 캐고, 전기를 만들고……. 석유 1L를 만드는 데 공룡 화석이 몇 개나 들어가는지 알기나 하고 저러는지, 원."

그때였다. 갑자기 요란한 소리가 나며 초록이네 집 창문이 깨졌다.

"아니, 이게 웬일이야?"

"누구야?"

낙타 아저씨와 초록이가 동시에 소리를 질렀다. 두 사람은 급히 깨진 창문으로 다가갔다.

"꼬물 아저씨 트럭이 폭발했어!"

"도망쳐!"

밖에서도 시끄러운 소리가 한꺼번에 쏟아졌다.

창밖의 풍경은 그야말로 볼만했다. 꼬물 아저씨의 트럭에서 검은 연기가 풀풀 뿜어져 나왔다. 고물들이 사방에 흩어져 나뒹굴었고, 빨간 내복 여러 장이 하늘을 날고 있었다.

"이게 도대체 무슨 일이지?"

낙타 아저씨는 서둘러 바깥으로 뛰쳐나갔다. 초록이도 뒤를 따랐다.

앞서 나간 아미르가 문밖에서 소리쳤다.

"악당들이에요! 아포칼립스라고요! 녀석들이 에너지를 낭비하게 하는 작전을 편 거예요. 꼬물 아저씨의 고물 트럭을 폭발시켜 재활용품을 못 모으게 하려는 거죠."

"뭐라고? 정말이야?"

"틀림없어요. 지금 파동이 느껴져요!"

아미르와 낙타 아저씨는 알 수 없는 말을 주고받았다.

"아미르, 그럼 어서 똥을 싸라! 기존의 에너지를 대신할 새로운 대체 에너지를 개발해서 놈들에게 맞서야겠다."

"휴, 알았어요."

아미르는 현관문 밖에 재빨리 신문지를 깔더니 그 위에 커다란 똥을 뚝뚝 싸기 시작했다. 낙타 아저씨는 그걸 가져다가 손으로 눌러 펴서 납작하게 만들었다.

초록이는 기가 막혀 입을 딱 벌렸다. 갈수록 태산이었다. 유리창이 깨지고 집 앞에서 고물 트럭이 폭발하더니, 이 난리 통에 아미르는 똥을 싸고 있었다. 낙타 똥은 코 앞에서 지독한 냄새를 풍겼다.

초록이가 소리쳤다.

"지금 뭐 하는 거야?"

"보면 몰라? 대체 에너지를 만들고 있잖아. 끙……. 인간들은 석유랑 석탄 같은 화석 연료밖에 모르지. 하지만 말린 낙타 똥도 얼마나 좋은 에너지원이 되는 줄 알아? 끙……. 그렇다고 내가 만날 똥만 쌀 수도 없는 노릇이고. 끙……."

아미르는 끙끙거리며 똥을 싸면서 입으로는 쉼 없이 중얼거렸다.

"인간들도 얼른 대체 에너지를 개발해야 해. 초록아, 알고 있니? 대체 에너지로는 ☐☐☐☐, ☐☐☐☐ 등이 있어."

"아앗! 귀 아파!"

초록이는 귀를 부여잡고 비명을 질렀다.

아미르가 문제를 내는 순간, 또 이상한 잡음이 초록이 귀를 마구 헤집었다. 이번에는 잡음이 무척 센 데다가 찌르는 것 같은 통증까지 더해졌다. 요란한 소리를 내며 창문이 또 한 장 깨졌다.

낙타 아저씨가 깜짝 놀라 외쳤다.

"이런! 이제 교란 전파가 아미르한테까지? 악당들 힘이 더 세졌어."

"초록아, 어서 말해! 화석 연료를 대체할 수 있는 에너지로는 어떤 게 있지?"

초록이가 괴로워하며 소리쳤다.

"아아, 몰라요. 귀가 아프다고요."

"이 녀석아, 얼른 생각해 봐!"

낙타 아저씨가 초록이 팔을 붙잡고 앞뒤로 흔들어 댔다. 귀를 찌르는 소리에, 지독한 냄새에, 이제는 붙잡혀 흔들리기까지. 초록이는 정신이 하나도 없었다. 그러는 사이에 초록이의 뇌가 흔들려 열린 걸까? 머릿속

깊이 숨어 있던 답이 퍼뜩 떠올랐다. 언젠가 학교에서 방학 숙제로 조사했던 기억이 난 것이다.

초록이가 고개를 숙인 채 쥐어짜듯이 대답했다.

"태양 에너지, 풍력 에너지요."

신기하게도 순간 사방이 조용해졌다. 이상한 잡음은 온데간데없이 사라졌고, 길거리의 소동도 잠잠해졌다. 귀를 찌르는 고통은 흔적도 없었다. 낙타 똥 냄새는 여전히 솔솔 풍겼지만 그 정도는 참을 수 있었다.

초록이는 천천히 고개를 들었다. 낙타 아저씨와 아미르가 초록이를 바라보며 함박웃음을 짓고 있었다.

## 아미르도 알고 있다
## 환경 지킴이, 이건 꼭!

산업 혁명이 일어난 뒤로 사람들은 거의 모든 에너지를 화석 연료에 의지해 왔어요. 그런데 화석 연료는 지구에 한없이 많은 게 아니랍니다. 수천수만 년 동안 차곡차곡 쌓여 만들어진 화석 연료를 사람들이 지금 몇백 년 만에 다 써 버리고 있어요. 이대로라면 화석 연료는 남아날 수가 없지요. 게다가 화석 연료를 너무 많이 써서 지구 온난화가 빠르게 일어나고 있어요. 지구 온난화를 막기 위해서라도 우리는 화석 연료를 덜 써야 해요.

이제는 화석 연료를 대신할 수 있는 대체 에너지에 관심을 기울여야 할 때예요. 대체 에너지에는 어떤 것들이 있을까요?

**쉼 없이 불타는 태양 에너지**

태양은 거대한 에너지 덩어리예요. 태양은 지구가 생기기 전부터 불타고 있었지요. 태양 에너지는 다 써 버릴까 봐 걱정하지 않아도 되고, 오염도 없는 깨끗한 에너지랍니다. 태양 에너지로 집 난방도 할 수 있어요. 물을 데울 수 있고, 음식을 익힐 수도 있지요. 시계나 휴대 전화를 충전할 수도 있어요. 과학자들은 지금 태양 에너지로 움직이는 자동차를 열심히 만들고 있답니다.

**씽씽 부는 바람으로 만든 풍력 에너지**

어떤 날은 바람이 너무 세서 지붕이 날아갈 것 같아요. 이 바람을 모으면 큰 에너지가 된답니다. 바람은 힘센 공짜 에너지예요.

바람으로 풍차를 돌려 전기를 일으키는 풍력 발전기로 풍력 에너지를 만들어요. 우리나라에도 풍력 에너지를 쓰는 곳이 늘고 있어요. 강원도 대관령에 지어진 강원 풍력 발전 단지, 전라남도 영광군에 지어진 영광 풍력 단지 등이 대표적이지요.

바람이 센 제주도, 서울 상암 월드컵 경기장 옆에도 풍력 발전기가 돌아가고 있어요.

**또 다른 대체 에너지를 찾아라!**

과학자들은 그 밖에도 여러 가지 대체 에너지를 연구하고 만들어 내고 있어요.

동식물 폐기물로 만든 바이오 에너지, 사탕수수에서 얻은 알코올로 만든 자동차 연료, 쇠똥이나 낙타 똥으로 만든 연료, 밀물과 썰물의 차나 파도의 힘 등으로 만든 해양 에너지, 수소와 산소를 반응시켜 전기를 만들어 내는 연료 전지, 지구 내부로부터 올라오는 열기로 전기를 만드는 지열 에너지 등이 있답니다.

# 낙타 아저씨가 귀띔하는 지구 살리기 비법

이제 에너지를 아껴 쓰자는 데는 아무도 반대 안 하겠지요? 우리의 후손들을 위해서라도 화석 연료를 날름 다 써 버리면 안 돼요.

에너지를 아끼는 방법은 아주 많아요. 간단한 것부터 실천하자고요!

**전기를 빨아먹는 전기 플러그를 모두 뽑아라!**

텔레비전이나 컴퓨터를 켜지 않았다고 안심하면 안 돼요. 플러그를 꽂아만 놓아도 전기가 흐른답니다. 안 쓰는 전자 제품의 플러그는 모두 뽑아 두세요.

**겨울에는 내복을 입고, 창문은 꼭꼭 닫자!**

내복이야말로 최고의 환경 용사예요. 겨울에 내복을 입으면 에너지를 얼마나 많이 절약할 수 있는지 아마 상상도 못할걸요? 집 안이 춥다고 투덜대지 말고 내복을 입으세요. 그리고 빠져나가는 열이 없도록 창문을 꼭꼭 닫아요. 바람이 새는 낡은 집이라면 창문 틈에 문풍지를 붙이는 것도 좋은 아이디어랍니다.

### 자동차보다는 대중교통!

가까운 거리는 걸어 다니는 게 최고예요. 조금 멀다면 자전거를 타고 다녀요. 건강에도 좋고, 에너지도 절약할 수 있지요. 먼 곳에 가야 한다면 버스나 지하철 같은 대중교통을 이용해요. 혼자 자가용을 타는 일은 에너지 사치랍니다.

### 백열등은 빼고, 형광등을 끼워라!

백열등은 전기 잡아먹는 귀신이라는 거 알아요? 백열등은 2000°C가 넘는 열을 내어 불을 밝히기 때문에 전기를 많이 써요. 백열등 대신 형광등을 쓰면 전기 요금이 쑥 줄어들 거예요. 형광등 중에서도 절전 등급이 높은 것을 찾아보세요. 백열등보다 10배는 더 오래 쓸 수 있어요.

### 물을 끓일 때는 꼭 필요한 만큼만!

코코아를 마시려고 할 때 주전자에 물을 얼마나 끓이죠? 사람들은 필요한 양보다 물을 더 많이 끓이는 습관이 있어요. 그러면 가스가 낭비되지요. 물을 끓일 때는 꼭 필요한 만큼만 끓이세요! 그리고 물을 끓일 때는 뚜껑을 열지 말아요. 열이 달아나거든요.

### 더운물은 공짜가 아니다!

수도꼭지만 돌리면 뜨거운 물이 펑펑 나오니까 더운물이 공짜인 줄 아는 사람들이 있어요. 하지만 그럴 리가 있겠어요? 물을 데우는 데는 당연히 연료가 들어가요. 세수나 샤워를 할 때 쓸데없이 물을 흘려보내면 물만 낭비하는 게 아니랍니다. 에너지도 낭비하는 거예요.

### 냉장고 문 좀 그만 열어, 응?

냉장고 문을 자꾸 열었다 닫았다 하면 전기가 낭비돼요. 냉장고 문을 열면 안에 있던 찬 공기가 나오고, 바깥에 있던 더운 공기가 안으로 들어가지요. 그럼 냉장고 안을 다시 차갑게 하기 위해서 전기가 쓰인답니다. '뭐 먹을 것 없나?' 하고 냉장고 문을 괜히 열어 보지 마세요.

# 신문지 한 장에 숨어 있는
## 숲의 미래

여러분이 아까운 줄 모르고 써 대는 종이는 모두 숲의 나무로 만든 거예요.
이 소중한 숲을 지킬 수 있는 방법에는 무엇이 있을까요?
꼬물 아저씨의 집에서 놀라운 사실을 만나 보세요!

"가까운 곳에 이렇게 훌륭한 분이 계셨다니 정말 기쁘군요. 아까는 정말이지 큰일 날 뻔했습니다."

낙타 아저씨가 방 안을 휘휘 둘러보며 말했다.

"갑자기 고물 트럭이 폭발하는 바람에 어찌나 놀랐는지……. 하지만 다행히 낙타 아저씨와 초록이 덕분에 흩어진 물건들을 모두 정리했습니다. 정말 고맙습니다."

꼬물 아저씨가 웃으며 대답했다.

소동이 가라앉은 뒤, 초록이와 낙타 아저씨, 아미르는 꼬물 아저씨를 도와 폭발해 버린 트럭에 실려 있던 물건들을 치웠다. 그러고는 아직 쓸 만한 재활용품들과 빨간 내복을 챙겨 가지고 함께 꼬물 아저씨네 집으로 왔다. 낙타 아저씨가 꼬물 아저씨에게 꼭 할 이야기가 있다고 했다.

"트럭을 폭발시킨 건 지구를 파괴하는 악당, 무야베와 아포칼립스의 짓입니다."

"네? 그게 누군데요?"

꼬물 아저씨가 눈을 둥그렇게 뜨고 낙타 아저씨에게 물었다.

"2050년에 지구를 멸망시키려는 놈들입니다. 지구 환경을 파괴해서 자기들만 돈을 벌고, 다른 사람은 다 망하게 만들려는 악당이지요."

"지구를 멸망시켜요?"

"그렇습니다. 아시는지 모르겠지만, 저랑 낙타 아미르는 2049년 미래에서 왔습니다. 무야베와 아포칼립스도 2049년에 살고 있는 사람들입니다. 그 사람들이 여기로 에너지 파동을 보내서 꼬물 아저씨의 트럭을 폭발시킨 겁니다."

꼬물 아저씨가 머리를 긁적거렸다.

"죄송합니다만 무슨 말인지 잘 이해가 가질 않는군요."

'당연하지. 낙타 아저씨가 하는 말치고 이해 가는 말이 없다니까.'

초록이는 속으로 말했다.

낙타 아저씨가 꼬물 아저씨의 얼굴을 똑바로 바라보며 말했다.

"음, 시간을 뛰어넘어 에너지 파동을 보내는 일은 현재 사람들은 이해하기 힘든 어려운 이야기죠. 뭐, 꼭 이해 못하셔도 상관없습니다. 중요한 건 지구를 지키는 겁니다. 간단히 말해서, 지구 환경을 해쳐서 돈을 벌려는 악당들이 있고, 우리는 그들로부터 지구를 지켜야 한다는 겁니다. 그 정도는 이해가 가시죠?"

꼬물 아저씨가 환하게 웃으며 대답했다.
"아, 그럼요. 그거야 저도 잘 이해하고 있지요. 안 그래도 저는 지구 환경이 걱정되어서 나만이라도 환경친화적으로 살아 보자, 하고 마음먹은 사람인걸요."
"그건 이 집을 보니 잘 알겠군요. 집이 아주 환경친화적인 에코 하우스네요."
"칭찬해 주시니 몸 둘 바를 모르겠습니다. 하하."
"그래서 말인데……. 꼬물 아저씨도 우리와 함께 환경 용사가 되어 싸워 주십시오."
"네? 환경 용사요?"
"저와 아미르는 미래의 환경 용사입니다. 지구 환경을 지키기 위해 현재로 왔지요."
꼬물 아저씨는 다시 어리둥절한 표정을 지었다.
초록이는 낙타 아저씨와 꼬물 아저씨의 이야기를 들으며 주변을 두리번거렸다. 꼬물 아저씨네 집은 꼬물 아저씨만큼이나 웃기고 이상했다. 먼저 마당에는 빽빽한 대숲이 있었는데, 그 앞에 서너 마리의 닭들이 꼬꼬댁거리며 돌아다녔다. 서울 한복판에, 그것도 아파트 단지 바로 옆에서 마당에 닭을 키우는 집이 있을 줄은 상상도 하지 못했다.
마당 한구석에는 커다란 구덩이가 있고, 그 안에 음식물 쓰레기가 가득 쌓여 있었다. 푹푹 썩고 있는 음식물 쓰레기는 보기에는 엄청 냄새가 날 것 같은데, 신기하게도 그렇지 않았다. 거실에도 온갖 쓰레기, 아니 재활용품들이 가득 차 있었다. 꼬물 아저씨가 그것들을 가지고 무얼 만드는 모양이었다. 만들다 만 조각 같은 것들이 거실에 놓여 있었다. 방 안에는 신문지와 쓰고 버린 종이들이 쌓여 탑을 이루었고, 누더기 같은 헌 옷들이 한 무더기 놓여 있었다. 하여튼 뭐든 다 쓰레기고 고물이었다. 참으로 꼬물 아저씨네 집다웠다.

갑자기 초록이의 배가 살살 아파 왔다. 아무래도 화장실에 가야 할 것 같았다.
"저, 화장실이 어디예요?"
"마당으로 나가면 보일 거다."
꼬물 아저씨의 대답이 끝나기도 전에 초록이는 배를 움켜쥐고 마당으로 달려 나갔다. 그런데 아무리 둘러봐도 화장실이 보이지 않았다.
"대체 어디야?"
한참을 헤맨 끝에 초록이는 화장실 비슷하게 생긴 곳을 발견했다. 대숲 사이에 숨어 있는 작은 구덩이였다. 구덩이 위에는 두 발을 올려놓을 수 있게 기다란 판자 두 개가 놓여 있었다.
"윽! 재래식 화장실이야?"
초록이는 기가 막혔지만 어쩔 수가 없었다. 일단 싸고 보는 수밖에.

얼른 바지를 내리고 간신히 급한 볼일을 끝마쳤다. 그런데 이번에는 화장지가 문제였다. 아무리 둘러봐도 화장지가 보이지 않았다. 초록이는 안절부절못하며 주변을 살펴보았다. 발치에 신문지를 네모나게 잘라 놓은 무더기가 보였다.

"호, 혹시, 이걸로 뒤를 닦으라고?"

한숨이 절로 나왔지만 별 수 없었다. 쪼그려 앉았더니 벌써 다리가 저려 왔다. 초록이는 신문지로 대충 뒤처리를 하고 바지를 끌어 올렸다.

단숨에 마당을 가로지른 초록이는 방으로 뛰어들며 씩씩거렸다.

"어휴! 꼬물 아저씨, 너무한 거 아니에요? 화장실도 이상하고, 화장지도 없잖아요! 지금이 무슨 원시 시대예요?"

"이 녀석아. 볼일 다 봤으면 잠자코 콧노래나 부를 일이지, 웬 난리냐? 아무 문제 없이 다 해결되었잖아?"

　　꼬물 아저씨는 느긋하기만 했다.
　"요즘 세상에 누가 그런 화장실을 써요? 그리고 신문지 때문에 엉덩이가 다 찢어지겠어요!"
　"아니, 뭐라고? 이 녀석이! 네가 아낌없이 마구 써 대는 화장지 때문에 숲이 얼마나 파괴되는 줄 알아?"
　낙타 아저씨가 나서서 호통을 치며 초록이에게 꿀밤을 먹였다.
　"어휴, 왜 때려요? 머리 나빠지게."
　"네 머리는 걱정되면서 지구는 걱정이 안 되냐?"
　초록이가 툴툴거리며 낙타 아저씨에게 말했다.
　"저도 지구가 파괴되길 바라지는 않아요. 하지만 화장지 대신 신문지

를 쓰는 건 반대예요. 대체 에너지를 개발해서 화석 연료를 대신하는 것처럼, 과학이 발달하면 종이 만드는 법도 좋아지겠죠."

"아무리 과학이 발달해도 숲을 만들어 줄 수는 없단다. 숲이 없으면 우리 인간과 동물들은 살아갈 수가 없어. 종이를 낭비하고 나무를 마구 베어 내고 나서 과학이 해결해 주겠지, 하고 생각해 봤자 소용없단다."

꼬물 아저씨는 느릿느릿 방구석으로 걸어가더니 신문지 뭉치를 들고 와서 초록이 앞에 내려놓았다.

"넌 이 신문지가 뭐로 보이냐? 내 눈에는 이게 보물로 보인단다. 사람들은 신문을 잠깐 읽고 그냥 내다 버리지. 하지만 이걸 재활용하는 방법이 얼마나 많은 줄 아니?"

"쳇, 기껏 해 봤자 화장지 대신 쓰는 거겠죠."

"무슨 소리! 신문지로 물건을 포장할 수 있고, 물건들이 안 망가지게 감싸는 완충재로 쓸 수도 있어. 보통 완충재로 쓰이는 '뽁뽁이'는 석유로 만들었거든. 그러니 석유를 낭비할 필요 없이 신문지를 재활용하는 게 낫지. 또 신발을 보관할 때 신문지를 뭉쳐서 넣어 두면 신발 모양이 유지된단다. 그뿐이냐? 신문지를 두껍게 접으면 라면 먹을 때 받침으로 쓸 수 있지. 반려동물이 급한 볼일을 볼 때는 신문지를 깔아 주면 돼. 그리고 신문지로 종이죽을 만들어 탈이나 인형을 만들 수도 있어. 잘게 조각낸 신문지를 퇴비와 함께 땅에 묻어 두면 땅이 기름지게 바뀐단다. 어떠냐? 신문지로 할 수 있는 일이 얼마나 많은지 이제 알겠냐?"

꼬물 아저씨는 신문지가 반려동물이라도 되는 것처럼 쓰다듬었다.
아미르가 마당에서 고개를 쑥 들이밀며 끼어들었다.
"후후후! 신문지 사랑은 나무 사랑, 숲 사랑이나 다름없어요."
낙타 아저씨가 아미르를 보더니 사랑을 듬뿍 담아 말했다.
"오, 아미르! 그동안 어디에 있었던 거냐?"
"이 집을 좀 탐험해 봤어요. 정말 훌륭한 집이던데요? 초록이 너, 옥상에 올라가 봤어? 아주 멋진 정원이 있는데."
"옥상에 정원이?"
"그래. 어서 구경해 봐."
초록이는 궁금한 마음에 꼬물 아저씨에게 옥상으로 올라가는 길을 물었다. 아저씨는 바깥벽에 튼튼한 나무 계단이 있다고 했다.
옥상에 올라서니, 과연 멋진 정원이 펼쳐졌다. 마치 비밀의 정원 같았다. 울창한 나무들과 풀숲이 아름답게 어우러져 있었다. 아파트 단지에서 이 괴상한 집이 보이지 않았던 이유를 이제야 알 것 같았다. 위쪽에서 보면 이 집은 꼭 아파트 단지의 숲처럼 보였던 것이다.
"와, 멋지다!"
뒤따라온 꼬물 아저씨가 활짝 웃으며 말했다.
"맘에 든다니 고맙구나. 이 녹색 지붕은 내 야심작이거든. 어때, 열대 우림 같지 않니?"
초록이는 고개를 끄덕였다.
"생각난 김에 한번 물어보자. 초록이 너, 열대 우림 같은 숲이 어떤 역할을 하는지 알고 있니?"

"숲이 하는 역할요?"

초록이가 고개를 갸우뚱하며 생각에 잠기려 할 때, 갑자기 하늘이 컴컴해지더니 세찬 바람이 마구 몰아쳤다. '난데없이 소나기가 쏟아지려는 걸까.' 하고 하늘을 올려다보는데 나무 위에서 큼지막한 돌멩이 같은 것들이 후두두 떨어졌다.

"아얏! 이게 뭐야?"

초록이는 비명을 지르며 몸을 피했다. 그때 날카로운 소리가 초록이의 귀를 후벼 파듯 밀려왔다.

"으악! 또 귀가 아파!"

"초록아, 어서 숲이 하는 역할을 말해!"

낙타 아저씨의 목소리였다.

하지만 초록이는 대답할 수가 없었다. 나무에서 떨어지는 뭔가에 머리를 맞고 정신을 잃어버린 것이다.

# 야미르도 알고 있다 환경 지킴이, 이건 꼭!

숲은 지구에 사는 생물들을 위해 어떤 역할을 할까요?

침엽수림, 활엽수림, 열대 우림 같은 숲은 그저 보기 좋으라고 있는 것이 아니랍니다. 알고 보면, 숲은 우리에게 많은 것들을 주는 꼭 필요한 존재예요. 지구 환경을 돌보는 숲이 어떤 역할을 하는지 살펴볼까요?

### 동식물의 소중한 삶의 터전, 숲

숲은 수많은 동식물이 살아가는 곳이에요. 나무와 풀, 이끼 등 수많은 식물들이 어우러져 숲을 이루지요. 숲에는 작은 곤충에서부터 셀 수 없이 많은 종류의 새, 크고 작은 포유동물들에 이르기까지 수많은 식구들이 살고 있어요.

### 자원의 보물 창고, 숲

사람들은 숲에서 수많은 자원을 얻어요. 가장 쉽게 떠올릴 수 있는 것은 목재이지요. 사람들은 나무로 여러 물건들을 만들어요. 우리가 날마다 쓰는 화장지와 종이도 그중 하나랍니다. 또 우리가 먹는 음식 재료도 숲에서 나와요. 과일과 버섯은 물론 설탕을 만드는 사탕수수, 초콜릿을 만드는 카카오, 후추나 계피 같은 향신료까지 숲에서 얻는답니다.

### 세계에서 가장 큰 약국, 숲

해열제인 아스피린, 말라리아 치료 약 키니네, 심장 약 디기탈리스, 소화제 카밀레 등 수많은 약들이 열대 우림에서 나온다는 것을 알고 있나요? 동그란 알약들은 쉽게 만들 수 있는 것처럼 보이지만 제약 회사에서 그냥 찍어 내는 게 아니랍니다. 많은 약의 원료들이 숲의 식물들에서 얻은 거예요.

### 홍수를 막아 주는 숲

숲의 나무들은 땅속으로 깊게 뿌리를 내리고 있어요. 나무들은 그 뿌리로 물을 빨아들이지요. 나무가 많이 자라는 숲은 지구의 물을 머금고 있는 땅이에요. 숲은 그렇게 물을 머금어서 홍수로 흙이 다 쓸려 내려가는 것을 막아 줘요. 숲의 나무를 함부로 베어 낸 곳에서는 홍수가 났을 때 큰 피해를 보곤 하지요.

### 지구의 허파, 열대 우림

숲에 사는 식물들은 고맙게도 이산화 탄소를 들이마시고 산소를 내뱉어요. 그래서 숲에 가면 상쾌한 기분이 들지요. 숲은 그렇게 지구 온난화를 막아 주는 귀중한 역할을 해요. 특히 나무가 셀 수 없이 빽빽이 들어찬 열대 우림은 지구의 허파와도 같아요.

# 낙타 아저씨가 귀띔하는 지구 살리기 비법

농사를 지으려고 쓱싹, 목재를 얻으려고 쓱싹, 길을 내려고 쓱싹……. 사람들은 엄청나게 많은 숲을 베어 냈어요. 그러자 숲의 동물들은 살 곳을 잃어 하나둘 멸종해 가고, 지구 온난화는 점점 더 심해져 우리를 괴롭히고 있어요. 이대로는 안 돼요. 우리가 나서야겠어요. 환경 용사들! 숲을 지킬 준비는 되어 있겠지요? 그럼 출발!

### 종이를 아껴 쓰자!

화장지, 공책, 책, 신문지, 과자 포장지……. 우리가 날마다 얼마나 쉽게 종이를 쓰고 버리는지 살펴보세요. 종이 한 장을 버릴 때마다 나무 한 그루를 싹둑 베어 낸다고 상상해 봐요. 종이를 한 번만 쓰고 버리는 일은 없어야겠지요? 화장지는 딱 필요한 만큼만 쓰고, 공책은 구석까지 꽉꽉 채워 쓰고, 과자 포장지나 신문지는 꼭 재활용하는 거예요!

### 종이컵은 이제 안녕!

사람들이 모두 자기 컵을 하나씩 들고 다니면 종이컵을 쓸 일이 없을 거예요. 커피 자동판매기에 '종이컵은 필요 없어요.'라고 쓰인 버튼을 하나 만들면 좋겠어요. 자기 컵을 가져간 사람은 종이컵 대신 자기 컵에다 커피를 받아 마실 수 있게 말이죠. 패스트푸드 가게에 가서도 자기 컵에 콜라를 받아 마시면 되고요. 종이컵은 그만 안녕!

### 나무젓가락도 필요 없어!

우리나라에서 쓰는 일회용 나무젓가락이 대부분 중국에서 만들어진다는 것을 알고 있나요? 중국에서는 나무젓가락을 만들기 위해 나무를 쓱쓱 베어 내고 있어요. 그 결과는 무엇일까요? 중국의 숲이 사라지면서 땅이 사막으로 변해 모래바람이 부는 황사 현상이 더 심해지고 있어요. 황사 피해는 우리나라도 고스란히 받고 있지요. 그런데 왜 굳이 나무젓가락을 써야 할까요? 젓가락이 없는 집은 없잖아요. 컵라면이나 짜장면이라고 꼭 나무젓가락으로 먹어야 해요? 나무젓가락을 쓸 때마다 황사를 기억하자고요.

### 나부터 당장 나무를 심자!

아껴 쓰는 것만으로는 부족해요. 환경 용사라면 적극적으로 숲을 만들고 가꾸어야지요. 식목일이 더 이상 쉬는 날이 아니라고 해서 이제 나무를 심지 않아도 된다는 이야기는 아니랍니다. 1년 내내 식목일로 생각하라는 뜻이지요. 집에 정원이 있다면 정원에, 아파트에 살아서 정원이 없다면 산에 가서라도 나무를 심어요.

'내일 지구에 멸망이 온다 해도, 나는 오늘 한 그루의 사과나무를 심겠다.'라는 말이 있어요.

혹시 오늘 한 그루의 나무를 심으면, 내일 지구의 멸망이 오지 않을 수도 있다는 뜻은 아닐까요?

# 수도꼭지에 숨어 있는
# 물 부족 해결책

우리나라의 물 자원이 넉넉하지 않다는 걸 알고 있나요?
수도꼭지만 틀면 물이 콸콸 나온다고 물을 펑펑 쓰면 큰일 나요!
물 자원에 대한 놀라운 사실을 알아보고, 다른 나라의 경우는 어떤지 살펴보세요.

"무야베와 아포칼립스의 방해 실력이 날로 발전하고 있어."
"맞아요. 이젠 교란 전파를 넘어서 교란 초음파까지 보내고 있으니."
어디선가 속닥거리는 소리가 들려왔다.
'음, 그런데 왜 앞이 안 보이지?'
그렇다. 초록이는 눈을 감고 있었다. 초록이는 눈을 뜨기 위해 온 신경을 눈꺼풀에 집중해야만 했다. 눈꺼풀이 천근만근이라는 말이 무슨 뜻인지 이제야 알 것 같았다.
"큰일이야. 초록이가 어서 환경 용사로 변신해야 하는데, 교란 초음파 때문에 죽은 박쥐를 맞고 쓰러졌으니."
박쥐라고? 초록이는 놀라서 그대로 펄쩍 뛰어오르고 싶었다. 그러나 뛰어오르기는커녕 눈을 뜨기조차 힘이 들었다.

"으으음……."

초록이가 신음 소리를 내며 간신히 눈을 떴다. 낙타 아저씨가 초록이 코앞에 얼굴을 바짝 들이대고 소리쳤다.

"초록아, 이제 좀 정신이 드니?"

초록이가 벌떡 일어나 앉으며 물었다.

"제 머리에 떨어진 게 죽은 박쥐였다고요?"

박쥐라니, 그것도 죽은 박쥐라니. 생각만 해도 온몸에 소름이 끼쳤다.

옆에 있던 꼬물 아저씨가 슬픈 얼굴로 말했다.

"그래, 불쌍한 내 박쥐들이 다 죽어 버렸단다."

"아저씨의 박쥐라고요?"

세상에 징그러운 박쥐를 반려동물로 키우는 사람도 있단 말인가?

"무야베인지 무시기인지, 만나기만 하면 당장!"

꼬물 아저씨가 주먹을 불끈 쥐었다.

"도대체 서울 한복판에 왜 박쥐가 있죠? 아저씨가 키우신 거예요?"

초록이는 박쥐를 죽인 교란 초음파나 무야베의 정체보다도, 꼬물 아저씨가 박쥐를 키운 까닭이 더 궁금했다.

"초록이 지구를 구원하지."

꼬물 아저씨가 창밖을 바라보며 느릿느릿 말을 꺼냈다.

"네? 제가 지구를 구원한다고요?"

"그게 아니라, 초록. 즉, 푸른 숲과 식물들이 지구를 구원한다고. 너도 숲이 하는 역할에 대해 아미르가 말하는 걸 들었잖니. 그러고 보니 넌

정신을 잃고 쓰러져서 못 들은 모양이로구나. 어쨌든 초록이 우리 지구를 살린단다. 그래서 나도 지붕 정원을 만든 거야."

"그런데요?"

"문제는 숲에 사는 곤충들이야. 뭐, 대부분의 곤충들이야 괜찮지만, 모기가 문제거든. 지구 온난화 때문에 우리나라도 곧 무더운 열대성 기후가 될 것 같단다. 그러면 뎅기열이니 말라리아니 하는 열대성 질병을 옮기는 모기들이 극성을 부리게 돼. 우리나라 사람들은 보통 그런 질병에 걸려 본 적이 없어서 면역력도 없지. 수많은 사람들이 목숨을 잃게 될 거야."

"그런데 열대성 질병이랑 박쥐랑 무슨 상관이에요?"

초록이는 꼬물 아저씨가 왜 모기 이야기를 하는지 알 수 없었다.

"박쥐는 질병을 퍼뜨리는 곤충을 잡아먹는 고마운 동물이거든. 박쥐는 하룻밤에 모기를 무려 3000마리나 잡아먹는단다."

꼬물 아저씨가 박쥐 날개처럼 두 팔을 좍 펼치며 말했다.

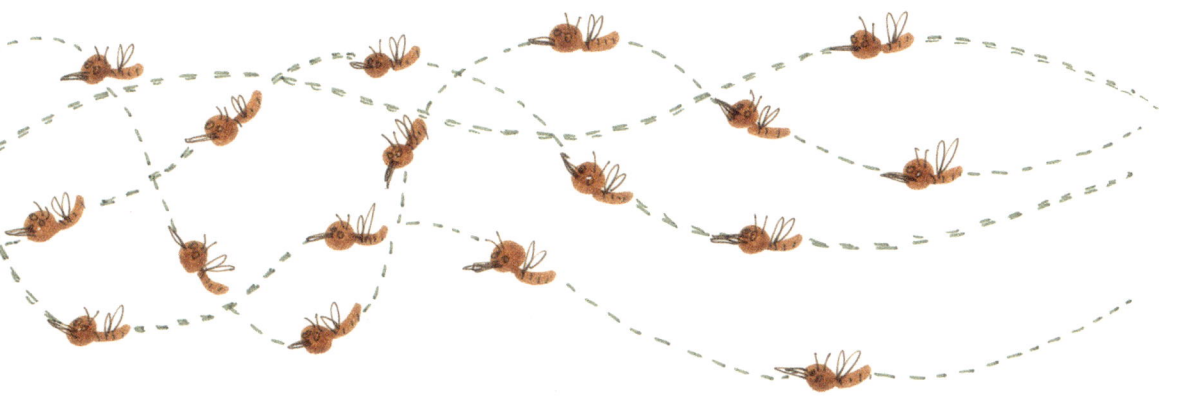

"어휴, 그렇다고 집에서 박쥐를 키워요?"

"난 나무에다 박쥐 집만 만들어 놓았을 뿐이야. 박쥐들이 알아서 모여든 거지. 그래도 그 녀석들 덕에 모기 걱정은 하나도 안 하고 살았는데, 이젠 다 죽어 버렸어."

꼬물 아저씨가 다시 슬픈 표정을 지었다.

갑자기 쏴아아아 요란한 소리가 들려왔다. 소나기가 쏟아지는 소리였다. 초록이는 창밖을 바라보았다. 장대 같은 비가 죽죽 쏟아졌다. 아무리 여름철이라지만 엄청난 소나기였다. 이렇게 내리다간 지구가 금방 물에 잠겨 버릴 것만 같았다.

"어이쿠, 엄청나게 쏟아지네. 빗물받이 통을 살펴봐야겠는데?"

꼬물 아저씨가 허겁지겁 옥상으로 올라갔다. 낙타 아저씨와 아미르도 뒤를 따랐다. 초록이는 혼자 남아 있기도 뭣해서 방을 나섰다.

"앗, 차가워. 이 빗속에 뭘 하려는 거야?"

초록이는 우산을 찾아 쓰고 느릿느릿 옥상으로 올라갔다. 아직까지 죽은 박쥐 시체들이 널브러져 있을까 봐 걱정했는데, 다행히 한 마리도 보이지 않았다.

옥상 정원 한쪽에 뒤집힌 우산 같은 것들이 여러 개 줄지어 서 있었다. 뒤집힌 우산에는 대나무 줄기로 만든 관이 연결되어 있었다. 그게 바로 빗물받이 통인가 보았다.

꼬물 아저씨는 우산도 쓰지 않고 쏟아지는 비를 맞으며, 대나무 관들을 살펴보고 있었다.

초록이가 꼬물 아저씨에게 다가가 우산을 씌워 주며 물었다.

"빗물은 받아서 뭐하시려고요? 수도꼭지만 틀면 물이 콸콸 나오는데."

"쯧쯧. 수돗물은 뭐 공짜로 생기는 줄 아니? 그것도 다 빗물이 모여서 흘러가는 강물을 퍼 오는 거란다. 세상에는 물이 부족해서 어려움을 겪는 사람들이 아주 많아. 하늘에서 떨어지는 빗물을 그냥 흘려보내는 건 너무 아까운 일이야."

'정말 대단한 아저씨야. 뭐든 그냥 버리는 건 다 아까워하는군.'

빗물에 털이 흠뻑 젖어서 물에 빠진 생쥐 꼴이 된 아미르가 호들갑을 떨며 말했다.

"세상에! 비가 이렇게 많이 올 수도 있는 거예요? 이런 비는 처음 봤어요. 하늘에 구멍이 뻥 뚫린 것 같은데요?"

하긴 낙타가 이런 비를 보긴 힘들었을 거다. 원래는 사막에 사는 동물이니까. 낙타는 혹에 물을 저장한다는데, 소나기 때문에 아미르의 혹이 10배로 커지지나 않을까 걱정되었다.

"아무래도 비가 너무 많이 쏟아지는데? 장마철도 아닌데 말이야. 혹시 이것도 무야베 일당이 벌인 일 아닐까?"

낙타 아저씨가 사방을 두리번거리며 살폈다.

"그렇다면 이제 그 녀석들이 교란 구름까지 보내는 걸까요?"

아미르는 하늘을 쳐다보며 커다란 눈을 깜박거리고, 귀를 쫑긋거리고, 빗물에 젖은 털을 흔들어 대느라 무척 바빠 보였다.

"비가 많이 오면 물이 부족할 때 쓸 수 있고, 좋지 않아요?"

낙타 아저씨가 혀를 찼다.

"쯧쯧. 초록이 너, 환경 용사가 되려면 공부 좀 많이 해야겠다. 하는 얘기마다 무식해서 도저히 봐줄 수가 없구나."

"쳇, 누가 환경 용사가 된다고 했어요?"

사실 속마음으로는 초록이도 환경 용사가 되고 싶었다. 환경 용사가 되면 지구를 지키는 슈퍼맨처럼 멋져

보일 것 같았다. 하지만 낙타 아저씨가 자꾸 멍청하다고 하니까 화가 나서 용사고 뭐고 다 집어치우고 싶었다.

낙타 아저씨가 어울리지 않게 엄숙한 표정을 지으며 말했다.

"몇 번을 말해야 알겠니? 내가 바로 미래의 너라니까. 그러니 넌 당연히 환경 용사가 되고말고. 지구는 초록 별, 우리는 초록이란다."

"됐어요, 됐어."

초록이는 고개를 휙 돌려 버렸다.

꼬물 아저씨가 뒤집힌 우산 모양 빗물받이 통의 벌어진 각도를 조절하며 말했다.

"한꺼번에 쏟아져 주체할 수 없는 물은 쓸 수가 없는 물이란다. 이 빗물받이 통을 보렴. 비가 너무 많이 오니까 그냥 넘쳐 흘러가 버리잖니. 이렇게 쏟아지다가는 홍수밖에 더 나겠니? 어디는 물이 넘쳐서 흘러가 버리고, 어디는 물이 모자라니 그게 문제지."

"그렇긴 하겠네요."

"어디 보자, 초록이 네가 평소에 물을 얼마나 낭비하는지 좀 볼까?"

낙타 아저씨가 바짝 다가와 초록이를 이리저리 돌려 보았다. 이럴 때면 초록이는 늘 초조하고 불안했다. 그다음에 뒤따라오는 건 언제나 야단맞는 일뿐이니까.

"또 왜 이러세요? 전 지금 물 한 모금 안 마셨다고요."

"좋아하는 음식은 햄버거에다 청바지와 티셔츠를 입고 있으니, 음…….
역시 예상대로 물 낭비가 심하구나."

아니나 다를까, 낙타 아저씨는 또 초록이가 물을 낭비한다고 구박했다. 하지만 이건 말도 안 된다. 햄버거가 어쨌다고 다시 햄버거를 들먹인단 말인가?

"햄버거하고 청바지요? 나 참, 그게 물하고 무슨 상관이에요?"

"꼭 물을 마시거나 샤워할 때만 물을 쓰는 줄 아니? 우리가 입고 있는 옷을 만들 때에도 물을 쓰고, 우리가 먹는 음식을 만들기 위해서도 물을 쓴단다. 특히! 네가 좋아하는 그 햄버거 하나를 만들기 위해서는 엄청난 물을 쓰지. 소가 먹을 풀 길러야지, 소가 마실 물도 있어야지, 게다가 소의 똥오줌을 처리하는 데 물을 얼마나 많이 쓰는 줄 알아?"

낙타 아저씨의 기나긴 연설이 또 시작되었다. 초록이는 귀를 틀어막고 싶은 심정이었다.

아미르가 끼어들었다.

"참! 이럴 게 아니라 말 나온 김에 초록이에게 그걸 물어봐요. 환경 용사가 되려면 꼭 알아야 할 부분이니까요."

"좋아. 잘됐군. 초록아, 환경 용사가 되기 위한 테스트를

하나 해 볼게. 네가 맞히기에는 좀 어렵겠지만, 질문을 잘 듣고 한번 대답해 보렴."

낙타 아저씨는 흠흠 소리를 내며 목청을 가다듬었다. 테스트라고 하니까 괜히 초록이의 가슴이 두근거렸다.

"청바지나 햄버거처럼 우리 생활에 필요한 상품을 만드는 데 쓰는 물, 즉 공업이나 농업에 쓰는, 눈에 보이지 않는 물을 뭐라고 할까?"

낙타 아저씨가 질문을 던졌다. 아미르는 비에 젖은 눈을 반짝거리며 초록이를 지켜보았다.

'어휴, 알 게 뭐야? 난 그런 데에 물이 쓰이는 줄도 몰랐는데.'

초록이는 한숨을 푹 내쉬었다. 아무래도 환경 용사가 되긴 틀린 모양이었다. 초록이는 대답할 말이 없어서 시선을 딴 데로 돌렸다. 금방 야유

를 쏟아 낼 낙타 아저씨와 아미르의 얼굴을 마주하기가 싫었다.

문득 이상한 무늬가 초록이의 눈에 띄었다. 빗줄기가 거세게 쏟아지고 있는 옥상 정원 잔디밭에 나 있는 물 발자국이었다. 마치 보이지 않는 동물이 잔디를 밟고 지나가기라도 한 것처럼 물 발자국이 뚜렷하게 찍혀 있었다.

초록이가 무심코 중얼거렸다.

"어, 저기…… 물 발자국!"

그때였다. 아미르와 낙타 아저씨가 환호성을 지르며 초록이에게 달려와 껴안고 머리를 쓰다듬고 난리를 쳤다. 꼬물 아저씨마저 환한 웃음을 지으며 초록이를 바라보았다. 초록이는 도대체 무슨 일인지 영문을 알 수가 없었다.

## 야미르도 알고 있다 환경 지킴이, 이건 꼭!

청바지나 햄버거처럼 우리 생활에 필요한 상품을 만드는 데 쓰는 물, 즉 공업이나 농업에 쓰는 눈에 보이지 않는 물을 '물 발자국'이라고 해요. 우리는 보통 마시고, 씻고, 요리하고, 청소할 때 쓰는 물만 생각하지요. 하지만 사실 우리가 쓰는 모든 물건과 먹는 식품을 만드는 데도 물이 들어가요. 햄버거 한 개를 만드는 데 쓰는 물은 한 사람이 하루 동안 마시고, 씻고, 설거지하는 데 쓰는 물보다 세 배나 많답니다.

이렇듯 물 발자국은 우리가 흔히 지나치는 '상품에 들어 있는 물 사용량'을 기억하기 위해 만든 말이에요.

자, 그럼 우리가 자주 쓰는 물건과 식품의 물 발자국은 얼마나 되는지 알아볼까요?

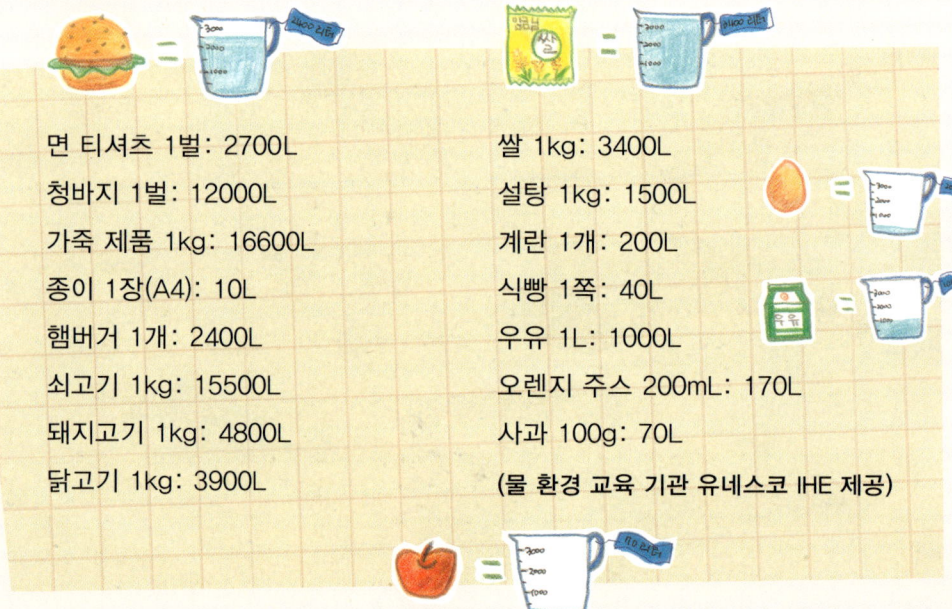

면 티셔츠 1벌: 2700L
청바지 1벌: 12000L
가죽 제품 1kg: 16600L
종이 1장(A4): 10L
햄버거 1개: 2400L
쇠고기 1kg: 15500L
돼지고기 1kg: 4800L
닭고기 1kg: 3900L

쌀 1kg: 3400L
설탕 1kg: 1500L
계란 1개: 200L
식빵 1쪽: 40L
우유 1L: 1000L
오렌지 주스 200mL: 170L
사과 100g: 70L

(물 환경 교육 기관 유네스코 IHE 제공)

### 목마른 지구

물 부족 문제는 무척 심각하답니다. 오스트레일리아와 칠레, 태국 등에서는 극심한 가뭄이 이어지고 있고, 아프리카 여러 나라들은 늘 물이 모자라서 하루에도 수천 명의 어린이들이 목숨을 잃지요.

국제 연합은 지구의 기후 변화로 인해 2050년이 되면 전 세계 인구의 절반이 물 부족에 시달릴 거라고 해요.

지구에 물이 부족해진 까닭은 여러 가지가 있어요. 세계 인구가 늘어서 그렇기도 하고, 기후 변화로 비 오는 양이 줄어서 그렇기도 해요. 아프리카에서는 사람이 먹을 농작물을 재배하는 대신 소가 먹을 풀을 재배하느라 물이 모자라기도 한답니다. 이유가 무엇이든 전 세계 사람들이 다 함께 물을 아껴 쓰지 않으면 물 부족 문제는 해결되지 않을 거예요.

### 오염된 물

물이 넉넉한지 아닌지만 문제가 되는 게 아니에요. 물이 깨끗한지 아닌지도 중요해요. 가난한 나라에 사는 아이들이 죽는 가장 큰 이유는 바로 오염된 물을 마시고 병을 얻기 때문이랍니다.

세계에는 제대로 처리된 식수를 공급받지 못하고 살아가는 인구가 10억 명 가까이나 돼요. 아프리카 어린이들은 날마다 큰 물동이를 머리에 이고 먼 길을 걸어가서 물을 길어 와요. 더운 지역이라 강물이 오염되기 쉬워 그 물을 그냥 마실 수도 없어요. 그래서 불볕더위에도 찬물을 마시지 못하고 차를 끓여 마신답니다.

우리나라처럼 개발된 나라의 물도 위험해요. 집에서 쓰고 버린 하수, 공장에서 버린 폐수 등이 강으로 흘러 들어가 끊임없이 물을 오염시키지요. 특히 세제 같은 화학 약품들은 분해가 어려워 깨끗하게 정화되기까지 오래 걸린답니다.

오염된 물은 설사나 콜레라, 장티푸스 같은 전염병을 일으켜요. 중금속이 포함된 물은 미나마타병이나 이타이이타이병 같은 특이한 병을 일으키지요. 그리고 오염된 물에서는 기형 물고기가 태어나거나, 물고기들이 떼죽음을 당하기도 해요.

# 낙타 아저씨가 귀띔하는 지구 살리기 비법

휴, 이대로 가다가는 지구가 몽땅 사막으로 바뀔지도 몰라요. 그래서 아저씨도 낙타 아미르를 키우는 거예요. 낙타는 사막에서도 끄떡없는 동물이니까요.

하지만 환경 용사들이 있는 한, 지구를 목마르게 내버려 둘 수는 없지요. 자, 어서 물 아껴 쓰기 비법을 찾아보자고요!

**이 닦을 때는 수도꼭지를 잠그자!**
양치질을 하는 동안 무심코 물을 틀어 놓는 사람들이 있어요. 양치 컵은 뭐에다 쓰려고 그러죠? 컵에 물을 받아서 쓰고 수도꼭지는 꼭 잠가야 해요.

**비누칠할 때는 물이 필요 없잖아!**
샤워기로 샤워를 하는 것보다 양동이에 담아 놓은 물을 바가지로 퍼서 쓰는 옛날식 목욕이 물을 훨씬 아끼는 방법이에요. '난 꼭 샤워기로 해야 한다'는 사람도 비누칠할 때는 제발 수도꼭지를 잠그세요. 비누칠을 하고 있는데 샤워기에서 왜 물이 흘러야 하나요?

### 양변기 물탱크에 벽돌을 키우자!

물을 아껴야 한다고는 해도 화장실에서 볼일을 본 다음 물을 내리지 않을 수는 없겠지요? 좋아요. 그렇다면 물을 너무 많이 내리지는 않도록 하자고요. 양변기 물탱크에 벽돌을 하나 넣어 두세요. 그러면 벽돌 부피만큼 물을 아낄 수 있거든요.

### 마당에 빗물받이 통을 만들자!

마당 있는 집에 사는 사람들은 꼭 빗물받이 통을 놓으세요. 그리 어려운 일도 아니니까요. 모아 둔 빗물로는 집 안팎에 키우는 화초에 물을 줄 수 있답니다.

### 적당한 채식은 어떨까?

물 발자국을 계산해 보면 고기를 주로 먹는 사람들이 채소를 주로 먹는 사람보다 2배나 더 많은 물을 쓴다고 해요. 지구를 살리는 환경 용사라면 고기보다는 채소를 많이 먹는 것은 어떨까요? 건강에도 좋으니까요.

### 하수구에 기름을 버리지 말자!

엄마가 요리하고 남은 기름을 어떻게 하는지 본 적 있나요? 혹시라도 싱크대에 그냥 붓는다면 당장 말려야 해요. 남은 기름은 냉동시킨 뒤 쓰레기봉투에 담아 버려야 한답니다. 폐식용유를 가지고 빨랫비누를 만드는 방법도 있지요.

### 될 수 있으면 화학 세제는 덜 쓰자!

설거지용 세제, 기름때 제거 세제, 빨래용 세제 등 화학 세제들은 물을 오염시키는 주범이에요. 될 수 있으면 적게 쓰세요.

흠, 그러고 보니 많은 게 엄마의 도움이 꼭 필요한 일들이네요. 엄마가 모르고 있다면 여러분이 꼭 알려 주세요!

쌀 씻은 물로 설거지하기

# 자전거에 숨어 있는
# 깨끗한 공기 지키기

거리를 걷다가 자동차 매연 때문에 얼굴을 찌푸린 적이 있나요?
공기가 안 좋아 목이 따끔거리고 눈이 매웠던 적은요?
대기 오염을 줄이는 길을 함께 알아볼까요?

"초록이 네가 그렇게 똑똑한 줄은 몰랐는데?"
"이제 환경 용사로 활동해도 되겠어요."
낙타 아저씨와 아미르가 퍼붓는 난데없는 칭찬에 초록이는 어떤 반응을 보여야 할지 헷갈렸다.
'도대체 왜들 이러지? 비를 너무 많이 맞아서 머리가 어떻게 된 거 아냐? 왜 갑자기 나더러 똑똑하다는 거야? 질문에 대답도 못했는데.'
낙타 아저씨가 초록이의 머리를 쓰다듬으며 물었다.
"물 발자국이라는 말은 꽤 어려워서 환경 용사들이 아니면 잘 모르는데, 초록이 너 어떻게 알았냐?"
"네? 물 발자국요? 그게 답이었어요?"

초록이는 멍청한 표정으로 되물었다. 그런 표정을 짓고 싶지는 않았지만 너무나도 예상치 못한 일이라 어쩔 수가 없었다.

"엥? 그게 무슨 소리냐? 너 알고 대답한 거 아니었냐?"

낙타 아저씨가 의심의 눈초리를 보냈다.

"전 그 질문에 대답한 게 아니었어요. 저기 보세요. 잔디밭에 이상한 물 발자국이 찍혀 있잖아요. 그래서 한 말인데……."

초록이가 손가락으로 잔디밭을 가리켰다. 낙타 아저씨는 천천히 고개를 돌려 초록이가 가리키는 곳을 보았다.

"앗! 그 녀석들이다!"

"이런! 우리를 뒤쫓아온 것 같은데요?"

낙타 아저씨와 아미르는 또 자기들끼리 수선을 떨기 시작했다. 이번에는 다행히 초록이 혼자만 영문을 모르는 건 아닌 모양이었다. 꼬물 아저씨도 어리둥절한 표정으로 물 발자국을 보다가 낙타 아저씨에게 물었다.

"그러게, 저게 뭐지요? 어째서 저런 발자국이 찍혔을까요? 정말 이상하네요. 마치 유령이라도 지나간 것 같은데요?"

"이럴 때가 아닙니다. 우선 여기를 떠나야 해요."

낙타 아저씨가 꼬물 아저씨의 팔을 잡아끌고 계단을 내려가기 시작했다. 아미르는 초록이를 뒤에서 밀어 댔다.

"어서 가자니까."

"왜? 설마…… 정말 귀신?"

"얘기는 나중에 하고 일단 서둘러."

세 사람과 한 마리의 낙타는 앞다투어 꼬물 아저씨네 마당으로 뛰어

내려갔다.

낙타 아저씨가 이리저리 두리번거리며 꼬물 아저씨에게 물었다.

"자동차는 어디 있죠?"

"자동차요? 고물 트럭이라면 아시다시피 폭발해 버렸잖습니까?"

"아차, 그렇지. 그럼 어떻게 한담? 얼른 여기를 피해야 하는데."

꼬물 아저씨가 창고로 걸어가며 말했다.

"자전거는 있습니다."

"자전거요? 이렇게 비가 억수로 쏟아지는데요?"

초록이가 볼멘소리를 하자, 낙타 아저씨가 외쳤다.

"잔소리 말고 어서 타!"

꼬물 아저씨가 창고에서 자전거 두 대를 끌고 나오며 말했다.

"음, 근데 자전거가 두 대뿐이라 한 사람은 아무래도 아미르의 등에 타야겠는데요?"

"그럼 오늘은 특별히 초록이 네가 아미르의 등에 타라."

낙타 아저씨는 말을 채 끝내기도 전에 훌쩍 자전거에 올라탔다.

"네? 아미르 등에 타라고요?"

초록이는 미심쩍은 눈으로 아미르를 보았다. 아미르도 똑같은 눈길로 초록이를 마주 보다가 하는 수 없다는 듯이 무릎을 구부렸다.

"누군 뭐, 널 등에 태우고 싶은 줄 알아? 급하니까 어쩔 수 없이 태워 주는 거야."

아미르가 앞다리와 뒷다리를 차례로 구부려 낮춘 다음 초록이에게 등을 내밀었다. 초록이는 투덜거리며 아미르의 등에 올라탔다.

낙타를 타 보는 건 태어나서 처음이었다. 아미르가 뒷다리를 다시 펼 때 초록이는 하마터면 등에서 굴러떨어질 뻔했다. 어찌나 다리가 긴지 다리를 접었다 펼 때 기울기가 여간 큰 게 아니었다. 아미르의 털을 움켜쥐고 간신히 자세를 잡은 초록이는 작게 한숨을 내쉬었다. 낙타 등이 이렇게 높을 줄은 몰랐다.

"자, 그럼 출발이다."

아미르는 생각보다 무척 빨랐다. 낙타는 원래 사막에서 느릿느릿 걸어가는 동물인 줄만 알았는데 긴 다리로 경중경중 달리니 자전거보다 훨씬 빨랐다. 원래 낙타도 달릴 때는 빠른 건지, 아미르가 워낙 이상한 낙타라서 그런 건지 초록이는 종잡을 수가 없었다.

초록이가 아미르에게 소리쳤다.

"근데 우리가 왜 도망가는 거야? 누가 우리를 쫓아오는데?"

쏟아지는 비와 달리는 속도 때문에 말을 하기가 쉽지 않았다.

"누군 누구겠어? 그 악당들이지. 무야베랑 아포칼립스 말이야."

"아까 그 물 발자국이 그 사람들 발자국이야? 그런데 왜 모습은 보이지 않고 발자국만 찍힌 거야?"

"그건 그들의 기술이 완벽하지 못해서일 거야. 시간을 뛰어넘어 순간 이동을 하려 한 것 같은데, 물리적 실체는 전송 못 하고 무게만 전송한 거지. 아마 무슨 실수가 있었던 모양이야. 우리한테는 그나마 다행이지."

"뭐, 뭐라고? 순간 이동? 물리적 실체? 그게 다 무슨 말이야?"

초록이는 머리가 지끈거렸다.

"그런 게 있어. 미래 기술이니까 지금 사람들은 잘 모를 거야."

"아, 복잡해. 어쨌든 그래서 우리는 지금 어디로 가는 거야?"

"동물원."

"뭐라고? 우리 아빠가 일하는 곳 말이야? 너는 동물원에 가기 싫다고 했잖아."

"누가 동물원 우리에 들어가겠대? 거기가 이 근처에서 가장 공기가 좋기 때문에 가는 것뿐이야. 지구 온난화로 미래 세상은 공기가 무척 나빠졌거든. 그래서 미래 사람들은 이산화 탄소가 많은 곳에 점점 적응을 했어. 우리 같은 환경 지킴이들만 빼고. 우리는 맑은 공기가 아니면 살 수가 없어. 무야베와 싸우려면 우리에게는 공기가 좋은 곳이 훨씬 유리해."

아미르는 달리면서 말하느라 거친 숨을 내쉬었다.

"그럼 우리가 무야베랑 싸워야 한다는 거야?"

"무야베가 우리 일을 방해하려 한다면 어쩔 수 없지."

초록이는 머리가 어찔했다. 비 오는 날에 낙타를 타고 달리느라 그런 것만은 아니었다. 미래 세상이 어떻고, 나쁜 녀석들이 어떻고 하더니만 이제 그들과 싸워야 한다니. 꿈에도 생각지 못한 일들이 자꾸만 벌어지고 있었다.

"초록아, 어서 이걸 뒤집어써라!"

자전거를 타고 뒤따라오던 낙타 아저씨가 무슨 거적때기 같은

걸 휙 던졌다. 초록이는 무심결에 받긴 했는데, 그걸 머리에 뒤집어쓰고 싶은 생각은 없었다.
"벌써 비 다 맞았는데, 이제 와서 이걸 쓰면 뭐 해요?"
"비가 엄청난 산성비로 바뀌었어. 대머리가 되고 싶지 않다면 쓰는 게 좋을 거다."
그 말을 듣고 초록이는 얼른 거적때기를 뒤집어썼다. 뒤를 돌아보니 낙타 아저씨와 꼬물 아저씨도 어느새 뭔가 하나씩 뒤집어쓰고 있었다.
"산성비요? 그럼 난 어떻게 해요? 내 털!"
아미르가 뒤돌아보며 울상을 지었다.
"아미르, 미안하구나. 조금만 참아다오."
낙타 아저씨는 내빼듯이 자전거 페달을 열심히 밟아 앞질러 갔다. 아미르는 쿵쿵거리는 이상한 소리를 내며 뒤를 따라 달렸다.
다행히 빗줄기가 점점 가늘어졌다. 그러나 산성비가 어찌나 독한지 거

의 식초 물이 내리는 것만 같았다. 게다가 나중에는 구름이 황사를 만났는지 흙비가 쏟아져 내렸다. 보이지 않는 적을 피해 달아나는 일행은 몰골이 말이 아니었다.

"태양이다! 비가 그쳤어."

불쌍한 낙타 한 마리와 엉망진창이 된 세 사람이 동물원에 도착할 즈음, 드디어 날이 개고 하늘에는 해가 모습을 드러냈다.

"와아, 이제야 살 것 같네."

초록이는 거적때기를 휙 집어 던지고 하늘을 올려다보았다. 해가 유난히 반짝거렸다.

낙타 아저씨가 자전거를 멈추고 눈을 부비며 말했다.

"음, 아무래도 이상해. 해가 여느 때와 달라. 오존층에 구멍이 뚫린 것 같아."

"뭐라고요? 오존층에 구멍이 뚫렸다고요? 이거야 원, 털 말릴 새도 없네."

아미르가 갑자기 다리를 구부리는 바람에, 초록이는 그만 땅바닥에 굴러떨어지고 말았다.

"아얏! 내리라고 말을 했어야지."

"아, 미안. 네가 내 등에 타고 있다는 걸 깜박했어."

입으로는 미안하다고 하면서도 아미르는 어쩐지 고소하다는 표정을 짓고 있었다.

초록이는 툴툴거리며 몸을 일으켰다.

"산성비가 쏟아지고 오존층에 구멍이 나고, 이게 다 무슨 일이죠? 대체 왜 이런 일이 일어난 거예요?"

초록이의 말이 끝나기가 무섭게 어디선가 "우르릉 쾅!" 하는 소리가 들려왔다. 그러더니 지진이 난 것처럼 땅이 뒤집히기 시작했다. 초록이는 일어서자마자 다시 넘어져 버렸다.

"그런 걸 궁금해하지 말란 말이야!"

참 이상한 목소리였다. 말은 알아듣겠는데 소리가 영 이상했다. 전파가 안 잡히는 곳에서 겨우겨우 휴대 전화로 통화를 할 때처럼 소리가 자꾸 끊기고 잡음이 섞였다.

낙타 아저씨가 소리쳤다.

"무야베다!"

초록이는 깜짝 놀라 고개를 번쩍 쳐들었다. 저만치 앞에 땅이 쩍 갈라져 있었다. 그리고 그곳에서 이상한 사람들이 걸어 나오고 있었다.

아미르가 다급하게 소리쳤다.

"초록아, 네 질문에 스스로 대답해! 산성비와 오존층 파괴가 왜 생겼는지 이유를 말해. 어서!"

그러나 초록이는 대답을 할 수가 없었다. 답을 알면 그런 질문을 할 필요도 없었을 것이다. 초록이가 대답을 못하고 머뭇거리자, 땅에서 나온 사람들이 컴컴한 웃음을 지으며 초록이에게 천천히 다가왔다.

# 야미르도 알고 있다
## 환경 지킴이, 이건 꼭!

### 산성비는 왜?

빗물 속에 독한 산인 황산과 질산이 섞여 내리는 비를 '산성비'라고 해요. '산성비'는 흙 속에 있는 중금속을 녹여 땅과 물을 오염시켜요. 산성비가 내리면 강에 사는 물고기들은 떼죽음을 당하고, 숲의 나무들도 뿌리부터 말라 죽지요.

이처럼 무서운 산성비가 내리는 까닭은 대기 오염 때문이에요. 공장이나 자동차에서 뿜어내는 연기에는 이산화 황, 산화 질소 같은 기체가 들어 있어요. 이 기체들은 공기 중에 섞여서 하늘로 올라가 구름에 스며들어요. 그리고 구름 속에서 물과 만나 황산이나 질산으로 바뀌어 산성비로 내리지요.

### 오존층에 왜 구멍이 뚫렸을까?

지구를 둘러싼 대기는 여러 층으로 이루어져 있어요. 그중 하나가 땅으로부터 20~30km나 되는 높은 곳에 있는 '오존층'이에요. '오존'이라는 기체가 많이 모여 있어서 '오존층'이라고 하지요.

오존층은 태양에서 오는 자외선을 막아 주는 역할을 해요. 지구가 끼는 선글라스 같지요. 자외선이 많이 내리쬐면 우리 눈을 상하게 하고, 피부암을 일으켜요. 또 바다의 플랑크톤 같은 생물을 자라지 못하게 해 생태계에 문제가 생기지요.

그런데 요즘 오존층에 구멍이 뚫려서 큰일이라는 이야기가 심심찮게 들려와요. 오존층에 구멍을 낸 범인은 누구일까요? 바로 염화 불화 탄소, 흔히 프레온 가스라고 부르는 기체랍니다. 염화 불화 탄소는 냉장고와 에어컨의 냉매, 스프레이, 스티로폼 등에 많이 들어 있는 기체예요. 염화 불화 탄소 자체는 독성이 없고 냄새도 없으며 불이 붙지도 않아요. 그래서 사람들은 염화 불화 탄소가 해로운 줄 모르고 마구 썼어요.

그런데 그 기체가 하늘로 올라가서 오존층에 구멍을 낸답니다. 그 사실을 알게 된 뒤 1996년부터 여러 나라에서 염화 불화 탄소를 덜 쓰기로 약속했어요. 하지만 아직 안심하기는 일러요. 이미 대기 중에 퍼져 있는 염화 불화 탄소가 없어지는 데만도 100년 가까이 걸리거든요.

　이렇듯 지구에 생겨난 많은 환경 문제가 사람들이 쓰는 편리한 물건들 때문에 일어나요. 냉장고, 에어컨, 자동차 등 공장에서 만드는 많은 물건들은 인간의 생활을 더 편하게 해 주지만 환경을 오염시키기도 한답니다.

　오존층에 구멍이 뚫리면 사람들은 선글라스를 끼고 선크림을 바르기라도 하지요. 하지만 나 같은 낙타는 어떻게 해요? 선크림을 바른 낙타 본 적 있어요? 혹시 지구에 사람들만 산다고 생각하는 거예요? 지구에는 많은 동물과 식물들도 함께 살고 있어요. 제발 우리 생각도 좀 해 달라고요!

# 낙타 아저씨가 귀띔하는 지구 살리기 비법

우리는 날마다 아무 생각 없이 숨을 쉬지만, 공기가 오염되면 숨쉬기가 힘들어져요. 사람들은 그제야 공기의 소중함을 깨닫지요.

여러 가지 환경 문제들 가운데서도 대기 오염은 그 심각함을 금방 느낄 수 있어요. 대기 오염을 일으키는 원인은 여러 가지가 있지만 공장과 자동차에서 뿜어 대는 연기가 가장 큰 이유랍니다. 시커먼 연기가 펑펑 쏟아지면, 도시의 하늘에 스모그를 만들어 내곤 하지요. 콜록콜록!

다행히 대기 오염의 무서움을 깨달은 나라들에서 공장과 자동차의 연기를 규제하기 시작했어요. 매연을 줄이려고 공장마다 여러 가지 필터와 먼지를 모으는 집진기를 놓았지요. 자동차에도 오염 물질 배출을 줄이는 장치를 달고, 정기적으로 자동차를 검사해 매연을 많이 뿜는 차들은 다니지 못하게 했어요. 그런데 그거 알아요? 그런 낡은 차들이 가난한 나라에 팔려 가서 또 검은 연기를 펑펑 뿜어 댄다는 것을요. 공기가 어디 가만히 한군데에 머물러 있나요? 가난한 나라의 공기가 나빠진다는 건 결국 지구의 공기가 나빠진다는 뜻이지요. 그렇다면 대기 오염을 줄이는 방법에는 어떤 것들이 있을까요?

**자동차를 꼭 타야 한다면**
첫째, 급하게 출발하거나 멈추지 말아요.
둘째, 잠시라도 차를 세울 때는 시동을 꺼요.
셋째, 너무 빨리 달리지 않도록 해요.
이 세 가지만 지켜도 쓸데없이 나오는 배기가스 양을 줄이고, 쓸데없는 기름 낭비를 막을 수 있답니다.

**웬만하면 대중교통을 이용하자!**

　도시에는 버스도 있고, 지하철도 있어요. 조금 멀리 갈 때는 기차를 타면 되지요. 어디를 가든 꼭 자가용을 타고 가야 한다는 생각은 버리세요.

　한두 사람이 타고 다니는 자가용은 1L의 기름으로 겨우 6km밖에 못 가지만, 버스는 40명을 태우고 50km나 갈 수 있답니다. 그리고 많은 사람들이 대중교통을 이용하면 도로도 막히지 않을 거예요.

**부모님에게 '자동차 함께 타기'를 권해 봐!**

　만약 엄마 아빠가 대중교통을 이용하기 불편한 곳으로 출근해야 한다면, 자동차 함께 타기를 권해 봐요. 같은 곳으로 출근하는 동료들과 차를 함께 타는 거예요. 그러면 괜히 여러 대의 자동차가 배기가스를 뿜으며 달릴 필요가 없지요.

**뭐니 뭐니 해도 자전거!**

　자전거는 정말 뛰어난 교통수단이에요. 오염 물질은 전혀 뿜어내지 않고, 주인의 건강은 지켜 주거든요. 길이 막힐 염려도 없어요. 자전거는 너무 느리지 않느냐고요? 물론 자동차보다야 느리지요. 하지만 교통 체증으로 꽉 막혀 있는 차보다는 빠를걸요?

**그냥 걷는 건 어때?**

　짧은 거리라면 그냥 걷는 것도 아주 좋아요. 많이 걸으면 살도 빠지고, 다리도 튼튼해져요. 심장과 폐의 기능도 좋아지지요.

# 반려동물에 숨어 있는
# 생태계의 운명

혹시 강아지나 고양이, 새, 이구아나 같은 반려동물을 키우고 있나요?
말을 안 듣는다고 해서 길거리에 내다 버리면 생태계에 문제가 생길지도 몰라요!
생태계에 사는 동물들은 지금 행복해하고 있을까요?

어디선가 이상한 냄새가 났다. 며칠 동안 빨지 않은 양말에서 나는 냄새 같기도 하고, 개를 쓰다듬을 때 나는 냄새 같기도 했다. 냄새는 마치 살아 움직이는 생물이라도 되는 것처럼 이쪽저쪽으로 옮겨 다녔다. 초록이는 슬그머니 고개를 들었다.
"꼬물 아저씨, 혹시 머리 안 감았어요?"
꼬물 아저씨가 초록이를 쥐어박았다.
"뭐라고? 이 녀석아, 난 이틀에 한 번씩은 꼬박꼬박 머리를 감는다."
아미르가 투덜거렸다.

"너 지금 그런 소리가 나와? 너 때문에 우리가 다 이 꼴인데!"

이 꼴이 무슨 꼴이냐고? 아미르의 다리는 접힌 채로 초록이의 팔과 엉켜 있었고, 초록이의 다리는 낙타 아저씨의 엉덩이 밑에 깔려 있었다. 그리고 꼬물 아저씨는 뜻하지 않게 초록이와 껴안고 있는 상황이었다.

초록이가 답을 말하지 못하는 바람에, 일행은 쫓아온 무야베 일당을 피해 달아나야만 했다. 시커먼 옷을 입은 그들은 레이저 총처럼 생긴 무기를 들고 있었다. 초록이 일행은 동물원 안으로 잽싸게 도망쳐 옆에 있던 동물 우리를 뛰어넘었다. 그리고 지금 이렇게 한 덩어리로 엉켜 있는 것이다.

꼬물 아저씨가 초록이에게서 몸을 떼며 중얼거렸다.

"여기는 어떤 동물이 살고 있는 우리일까?"

초록이는 제발 사자나 호랑이 같은 맹수 우리만 아니기를 바랐다.

순간, 수상한 냄새가 좀 더 가까워졌다. 초록이는 코를 킁킁거리며 주변을 둘러보았다. 아미르와 낙타 아저씨도 몸을 일으키며 두리번거렸다.

아미르가 소리쳤다.

"앗! 저기!"

냄새의 주인공이 수풀 사이에서 천천히 몸을 드러냈다. 커다란 갈기를 휘날리며 서 있는 우람한 사자였다. 그 냄새는 바로 야생의 냄새였다.

초록이가 비명을 지르며 아미르 뒤로 몸을 숨겼다.

"으악! 여긴 사자 우리였어!"

"저리 비켜. 나도 무섭단 말이야."

아미르도 벌벌 떨었다. 하긴 낙타는 초식 동물이다.

"가만히들 있어라. 내가 사자를 살살 달래 보마."

낙타 아저씨가 용감무쌍하게도 사자에게 한 걸음 다가섰다.

"사자야, 지금 우리를 잡아먹을 생각은 아니겠지? 넌 동물원에서 잘 먹고 지내니까 야생 동물하고는 다르지?"

낙타 아저씨는 이를 딱딱 부딪치며 떨고 있었다. 그 모습을 보니 영 미덥지가 않았다.

이번에는 꼬물 아저씨가 나섰다.

"가만히 계세요. 제가 사자에게 말을 해 볼게요."

꼬물 아저씨는 워워 이상한 소리를 내며 사자에게 천천히 다가갔다. 사자와 꼬물 아저씨가 마주 서서 눈싸움을 벌였다. 잠시 뒤, 사자가 가만히 자세를 낮추고 앉았다.

"됐어요. 우리를 공격할 생각은 없대요."

"우아! 아저씨, 지금 사자하고 이야기를 나눈 거예요?"

"응, 내가 예전에 조련사로 일한 적이 있거든. 동물들을 길들인다는 게 싫어서 그만두긴 했지만."

"조련사요? 정말 대단해요!"

초록이는 입을 딱 벌리고 감탄했다.

사자의 밥이 될 뻔한 위기는 넘겼지만, 그렇게 꼬물 아저씨의 솜씨에 감탄하고 있을 때가 아니었다. 진짜 적은 사자가 아니었다.

"저기 있다!"

우리 바깥쪽에서 외치는 소리가 들려왔다. 고개를 돌려 보니 무야베 일당이 철망에 매달려 있었다. 그 뒤로 수백 마리의 고양이 떼가 몰려들었다.

"이런! 무야베가 우릴 찾아냈어."

무야베 일당은 사자 때문에 섣불리 우리 안으로 들

어오지는 못했다.

"그, 그런데 저 고양이 떼는 어디서 나타난 거죠?"

낙타 아저씨가 말했다.

"그러게 말이다. 웬 고양이 떼람."

수백 마리의 고양이 떼가 묘한 눈빛으로 이쪽을 바라보고 있었다.

꼬물 아저씨가 담담히 말했다.

"버려진 고양이들이에요. 사람들이 반려동물로 키우다가 내다 버려서 야생 고양이가 되었죠. 저 고양이들 때문에 이 숲에 새가 다 사라진다더니, 정말 많기는 많네요."

"그런데 왜 고양이 떼가 우리를 노려보는 거죠?"

"글쎄다. 사람한테 버려져서 사람을 싫어하는 거 아닐까?"

"하지만 꼭 무야베 일당과 한패처럼 보이는데요?"

아미르가 말했다.

"아마 무야베가 복종 먹이를 줬을 거야. 숲의 새와 쥐들을 몽땅 잡아먹고 나서 굶주리고 있던 고양이들에게 무야베가 먹이를 줬겠지."

"복종 먹이라니?"

"미래에는 그런 게 있어. 반려동물들이 문제가 된 적이 있었거든. 이구아나나 악어처럼 원래 살던 고향으로부터 멀리 떠나온 반려동물들이 자꾸만 반항을 해서 사람들이 복종 먹이라는 걸 만들어 냈지. 그걸 먹이면 동물들이 주인 말에 꼼짝없이 따르게 돼."

낙타 아저씨가 거들었다.

"맞아, 그러고 보니 복종 먹이도 무야베 회사에서 만들었어. 석유로 만든 먹이였지."

"그러니까 지금 저 고양이들은 무야베 편이 맞는 거죠?"

"그렇게 보이는구나."

그때였다. 무야베가 레이저 총처럼 생긴 무기를 번쩍 쳐들었다. 초록이와 일행은 깜짝 놀라 땅바닥에 납작 엎드렸다.

"나를 아프리카 초원으로 돌려보내 줄래?"

'어? 이건 사자가 하는 말?'

초록이는 이상한 기분이 들어 슬쩍 고개를 돌려 사자가 있는 쪽을 보았다. 사자와 눈이 딱 마주쳤다.

"나를 아프리카 초원으로 돌려보내 줄 거냐고."

"이게 어떻게 된 일이지? 내가 사자의 말을 알아듣다니."
초록이가 눈을 휘둥그레 뜨고 혼잣말을 중얼거렸다.
"내 파동 전환기가 작동한 모양이야. 이것만 있으면 어떤 동물의 말도 알아들을 수 있거든."
아미르는 그렇게 말하며 자기 옆구리에 매달고 있는 파동 전환기를 살펴보았다.
사자가 으르렁대며 말했다.
"너희들, 별로 안 급한 모양이지? 저 사람이 너희를 죽이려고 하는 것 같은데, 살고 싶으면 나하고 거래를 하자. 초록이 너, 이 동물원 원장의 아들이지? 나를 아프리카 초원으로 돌려보내 주겠다고 약속해. 그럼 너희들의 목숨을 구해 줄게."

사자와 거래를 한다는 건 말도 안 되는 일 같았지만, 지금 그런 걸 따질 때가 아니었다.

"알았어. 약속할게. 어서 저놈들을 쫓아 줘."

사자는 갑자기 몸을 벌떡 일으키더니 커다란 소리로 울부짖으며 철망 쪽으로 달려갔다. 아아, 사자의 울음소리란. 심장이 얼어붙고 온몸이 벌벌 떨린다는 표현이 딱 맞았다.

고양이 떼는 사자의 울음소리에 놀라 뒤돌아 도망치기 시작했다. 무야베 일당도 비명을 지르며 뒷걸음질을 쳤다.

동물원이 시끄러워졌다. 여기저기서 동물들이 울부짖는 소리가 들려왔다. 북극곰은 북극곰대로, 호랑이는 호랑이대로, 사슴은 사슴대로, 자칼은 자칼대로 마구 소리를 질러 댔다. 여느 때 같았으면 크어어, 어흥, 히요오, 오우우 하는 소리들로 들려야 마땅했지만, 지금 초록이의 귀에는 이렇게 들렸다.

"우리도 고향으로 돌려보내 줘!"

초록이가 딱 벌린 입을 다물지 못하는 사이, 사자가 몸을 날려 우리를 뛰어넘었다. 사자는 도망치는 무야베 일당을 뒤쫓았다. 그러자 다른 동물들도 우리 밖으로 뛰쳐나갔다. 북극곰도 사슴도 호랑이도 자칼도 무야베 일당을 따라갔다. 여러 동물들이 도망치는 고양이 떼와 한데 섞여 이리저리 뛰어다녔다. 순식간에 동물원은 난장판이 되었다.

무야베는 사자를 피해 잽싸게 달리며 검은 옷을 입은 아포칼립스 회원들에게 명령을 내렸다.

"어서 교란 초음파를 쏴!"

사자와 멀리 떨어져 있던 사람 하나가 무기를 들어 올렸다.

"안 돼! 쏘지 마!"

꼬물 아저씨가 사자 우리 밖으로 뛰어나가며 소리쳤다.

아미르가 벌떡 일어나 초록이를 돌아보았다.

"초록아, 이번엔 꼭 답을 맞혀야 해. 안 그러면 사자가 죽어. 무야베가 이 동물원의 동물들을 다 죽일 거라고! 네가 정답을 맞혀야만 교란 초음파 총이 작동을 멈춰."

"무, 문제가 뭔데?"

초록이의 가슴이 거세게 뛰었다.

"잘 들어, 한초록! 이 지구에 사는 모든 생물들과 이 생물들이 살아가는 환경 모두를 일컬어 뭐라고 하지?"

초록이는 잠깐 숨을 멈추고 동물원 안을 이리저리 뛰어다니는 수많은 동물들과 동물원을 둘러싼 숲을 바라보았다. 순간 '동물원'이 답이 아닐까 하는 생각이 스쳐 갔다.

낙타 아저씨가 초록이에게 속삭였다.

"잠깐! 초록아, 동물원은 답이 아니다."

초록이는 헉하고 숨을 내쉬며 낙타 아저씨를 바라보았다.

'내가 그 생각을 하고 있는지 어떻게 알았지? 혹시 정말…… 낙타 아저씨가 미래의 나?'

그러나 지금은 딴생각에 빠져들 때가 아니었다. 어서 답을 알아내야 했다. 검은 옷을 입은 사람이 벌써 사자를 향해 무기를 겨누고 있었다. 어느새 거기까지 달려갔는지 꼬물 아저씨가 사자 대신 총을 맞기라도 하려는 듯이 그 사이로 뛰어들었다.

초록이가 소리쳤다.

"생태계!"

신기하게도 그 답이 머릿속에 번뜩 떠올랐다. 누군가 초록이의 입을 빌려 대신 말하기라도 하는 것처럼 저절로 답이 튀어나왔다.

초록이가 어리둥절한 채 서 있는 동안, 사자에게 교란 전파를 쏘려던 사람과 사자에게 물어뜯기기 직전의 무야베와 또 다른 검은 옷을 입은 사람들이 안개처럼 희미해지더니 마침내 사라졌다. 그러고 나서 고양이들이 사라졌다. 고양이들은 슬금슬금 소리도 없이 숲으로 스며들었다. 그다음은 동물들 차례였다. 사방을 뛰어다니던 동물들이 천천히 몸을 돌려 제 발로 우리 안으로 들어갔다.

마지막으로 꼬물 아저씨와 사자가 나란히 사자 우리로 걸어 들어왔다.

동물원이 조용해졌다.

## 아미르도 알고 있다 환경 지킴이, 이건 꼭!

이 지구에 사는 모든 생물과 이 생물들이 서로 영향을 주고받으며 살아가는 환경 모두를 일컬어 '생태계'라고 해요.

어떤 생물도 혼자 살아가는 게 아니랍니다. 생물은 땅, 바다, 대기, 물, 햇빛 같은 지구 환경의 도움도 받고, 다른 생명을 먹기도 하고 먹히기도 하며 살아가지요. 생태계에 사는 모든 생물은 서로서로에게 영향을 주고받기 때문에 한 생물이 변하면 다른 것들도 따라서 변해요.

생태계에 가장 큰 영향을 미치고 있는 종은 무엇일까요? 바로 인간이에요. 인간은 다른 식물이나 동물과 달리 자연환경을 적극적으로 변화시키고 이용하며 살아가요. 우리의 생태계는 지금 어떤 모습일까요?

**생태계를 파괴하는 인간**

사람들은 논밭을 만들기 위해 숲을 파괴하고, 나무를 베어 내요. 또 도시를 만들고 길을 내면서 습지를 망가뜨리는 등, 동식물들이 사는 곳을 망쳐 놓지요. 그러면 그곳에 살던 생물들의 수가 점점 줄어들다가 마침내 사라져 버려요. 예를 들어, 아프리카에 있는 섬나라 마다가스카르는 수많은 동식물이 어우러져 살던 풍요로운 생태계였어요. 그런데 지금은 열대 우림의 90%가 밭을 만드느라 베어져 생태계가 망가지고 있어요.

### 멸종하는 생물들

살 곳을 잃어버려 멸종하는 생물도 있지만, 사람들이 지나치게 사냥을 해서 멸종하는 생물도 있어요. 초원에 사는 코끼리와 코뿔소는 상아와 뿔을 얻으려는 밀렵꾼들 때문에 죽어 나가요. 발바닥이나 쓸개를 얻기 위해 곰을 죽이고, 원숭이 골 요리를 해 먹으려고 원숭이를 죽이는 사람들도 있어요. 또 가죽을 얻기 위해 수많은 동물들을 죽이지요. 수많은 생물들이 그렇게 멸종 위기에 처해 있답니다.

### 무너지는 생태계

생태계는 먹이 그물로 이어져 있어요. 식물은 광합성을 해서 에너지를 만들고, 초식 동물은 식물을 먹고 살아요. 육식 동물은 초식 동물을 잡아먹고 살지요. 그래서 한 종의 생물이 멸종하면 그 생물을 먹이로 삼던 다른 동물도 따라서 멸종해요. 그렇게 차례차례 멸종하다 보면 한곳의 생태계가 완전히 무너져 버리기도 한답니다.

### 생태계를 어지럽히는 반려동물

반려동물을 데리고 살다가 싫증 나면 몰래 내다 버리는 사람들이 있어요. 그렇게 한 해 동안 버려지는 반려동물 수가 수만 마리나 된답니다. 특히 버려진 고양이는 다람쥐와 새를 마구 잡아먹어 문제를 일으키기도 해요.

이구아나나 고슴도치, 악어 등 원래 우리나라에 살지 않는 동물을 먼 데서 데려와 반려동물로 삼는 경우도 많아요. 이런 동물들을 키우다가 내다 버리면 우리나라에는 천적이 없기 때문에 그 수가 마구 불어나요. 또한 자기에게 먹이가 되는 동물들을 다 잡아먹어서 생태계를 어지럽혀요.

## 낙타 아저씨가 귀띔하는 지구 살리기 비법

지구에 사는 동식물이 모두 멸종하고 인간만 남으면 우리는 어떻게 될까요? 당연히 살 수 없지요. 우리가 먹는 모든 음식은 자연에 있는 동식물로부터 나와요. 식물은 지구의 공기를 깨끗하게 만들고, 곤충은 식물이 열매를 맺게 도와줘요. 지렁이는 '분변토'라는 질 좋은 퇴비를 배설해 흙을 살리고, 미생물은 죽은 생물을 분해해 자연으로 돌아가게 해 주지요. 이렇듯 생태계는 모든 생명들이 서로 어우러져 함께 사는 곳이에요. 생태계가 파괴되면 인간도 살 수 없어요.

### 야생 동물을 입양하자!

야생 동물을 잡아 와서 집에서 키우라는 말이냐고요? 아니에요. '야생 동물 입양'은 멸종 위기에 놓인 동물 한 마리를 보살피는 데 드는 돈을 후원하는 일을 말해요. 여러 환경 단체에서 이런 일을 하고 있지요. 이런 활동에 참여하면 집에서도 멸종해 가는 동물들을 도울 수 있어요.

### 숲에서는 쉿!

숲에는 참 많은 동식물들이 살고 있어요. 가만히 귀 기울이면 새들이 노래하는 소리, 곤충들이 날갯짓하는 소리가 들려올 거예요. 그런데 등산을 하는 사람들 가운데 꼭 "야호!" 하고 큰 소리를 외치는 사람들이 있어요. 사람들의 고함은 야생 동물을 깜짝 놀라 도망가게 해요. 이렇게 스트레스를 받은 야생 동물들은 새끼를 낳지 못한답니다. 그러니 숲에서는 떠들지 말아요!

### 희귀 동물 거래를 막아라!

희귀 동물을 사고파는 일은 엄연히 불법이랍니다. 그런데도 유황앵무, 극락조, 오랑우탄, 말레이곰, 안경원숭이 등 많은 열대 동물들이 몰래 사고팔리고 있어요. 극락조는 박제를 만들고, 새끼 곰의 쓸개에는 빨대를 꽂아요. 건강식품이라면 꼭 먹어야 하는 우리나라 사람들도 단골손님이지요. 어른들이 이런 짓을 하지 못하게 어린이들이 나서서 막자고요. "아빠, 곰쓸개는 절대 안 돼요!"

### 휴대 전화를 아껴 쓰자!

휴대 전화 때문에 고릴라들이 죽어 가고 있어요. 대체 무슨 말이냐고요? 휴대 전화에 들어가는 부속품 중에 '탄탈'이라는 금속이 있어요. 탄탈은 아프리카 콩고에서 주로 나오지요. 전 세계 사람들이 휴대 전화를 쓰기 시작하자 탄탈이 매우 귀해졌어요. 그래서 콩고의 광부들이 숲으로 몰려가 숲을 마구 파괴하며 탄탈을 캐고 있지요. 그런데 그 숲은 바로 지구에 남아 있는 고릴라의 마지막 살 곳이에요. 휴대 전화 때문에 고릴라가 다 죽게 생겼어요. 그러니 새 모델이 나왔다고 멀쩡한 휴대 전화를 바꾸는 일은 하지 마세요.

### 반려동물을 가족처럼!

반려동물을 키우고 싶다면 평생 같이 살 마음을 먹어야지요. 진짜로 가족처럼 함께 살 생각이 아니라면, 차라리 반려동물을 키우지 않는 편이 나아요. 그리고 먼 나라에서 데려오지 말아요. 아무래도 동물은 자연스럽게 사는 걸 가장 좋아하니까요.

# 비닐봉지에 숨어 있는 지구의 미래

무심코 버린 비닐봉지가 썩는 데 100년 넘게 걸린다는 사실을 알고 있나요?
비닐, 플라스틱, 스티로폼 등 잘 썩지 않는 쓰레기를 줄이려면
어떻게 해야 하는지 다 함께 살펴보아요!

"정말 사자를 세렝게티 초원으로 돌려보낸 거죠?"

초록이가 아빠를 빤히 쳐다보며 물었다.

"그래. 네가 그렇게 생떼를 쓰지 않아도 그 사자는 조만간 아프리카로 돌려보내려고 했어. 사자 생태에 대한 연구가 끝났거든."

초록이 아빠가 넥타이를 매며 말했다.

"동물원에 갇힌 다른 동물들도 모두 풀어 줬어요?"

"아니. 그럴 수는 없어. 동물들을 다 풀어 주면 동물원 문을 닫아야 하니까."

"그럼 문을 닫으면 되죠. 야생 동물들을 동물원에 가둬서는 안 돼요. 야생 동물은 야생에서 살아야 한다고요."

초록이는 가슴에 단 환경 용사 배지를 만지작거리며 말했다.

며칠 전 초록이는 드디어 환경 용사가 되었다. 낙타 아저씨와 아미르가 지켜보는 가운데, 지구 환경을 지키는 용사가 되기로 서약을 했다. 꼬물 아저씨도 함께 환경 용사가 되었다. 무야베와 아포칼립스의 공격을 받은 뒤로 초록이는 완전히 다른 사람이 되었다. 낙타 아저씨의 말들이 괜한 협박이 아니라는 걸 온몸으로 느낀 것이다.

아빠가 가방을 들다 말고 초록이를 보며 말했다.

"초록아, 네 생각처럼 동물원이 나쁜 일만 하는 건 아니야. 동물원에서는 멸종 위기에 놓인 동물을 보호하기도 해. 동물학자들이 동물의 생태를 연구해서 멸종을 막을 방법을 찾는단다. 또 서식지가 파괴되어서 살기 힘들어진 동물을 동물원에서 보살피기도 하지. 어디 그뿐이냐? 동물원은 자연과 멀리 떨어져 사는 어린이들에게 조금이나마 야생을 보여 주는 역할도 한단다."

"야생요? 우리에 갇혀 있는 게 야생이에요? 동물원 동물들은 그냥 사람들의 구경거리일 뿐이잖아요."

초록이는 당장 우리에 갇힌 동물들을 풀어 주러 동물원으로 뛰어갈 것처럼 씩씩댔다.

"흥분하지 말고 아빠 말을 들어 보렴. 그래, 네 말도 맞아. 그래서 동물원을 생태 공원으로 바꾸려고 하고 있단다. 생태 공원이란 동물들을 야생에 가까운 상태로 살아가게 해 주는 곳이지. 하지만 생태 공원을 만들려고 해도 동물들이 있어야 하니까 지금은 우리에 넣어 보호하는 수밖에 없어."

초록이 아빠는 생태 공원 계획에 대해 초록이에게 자세히 설명해 주었다. 그제야 초록이가 아빠를 보고 웃음 지었다.

"좋아요. 생태 공원이라면 저도 찬성이에요. 다행인 줄 아세요. 아빠는 환경 파괴범으로 몰릴 뻔했다고요."

"어이쿠, 이제 초록이가 무서워서라도 조심해야겠구나. 그럼 조사는 다 끝난 건가요, 환경 용사님?"

"네, 이제 일하러 가셔도 돼요. 어서 가서 동물원을 생태 공원으로 바꾸세요."

초록이는 현관까지 아빠의 가방을 들어 주었다.

아빠가 출근하자 초록이는 엄마에게 갔다. 엄마는 주방에서 아침 설거지를 끝낸 뒤 음식물 쓰레기를 버리고 있었다.

"엄마! 잠깐만요. 그걸 그냥 버리시면 어떻게 해요?"

"그냥 버리다니? 음식물 쓰레기봉투에 넣고 있잖아."

엄마가 귀찮은 표정으로 대꾸했다.

초록이 엄마는 벌써 며칠째 초록이에게 시달리고 있었다. 세탁 세제는 환경을 오염시키니 그냥 빨랫비누로 손빨래를 해라, 백열등은 전기를 낭비하니까 집에 있는 백열등을 모두 절약형 형광등으로 바꿔라, 설거지할 때는 물을 받아서 해라, 요리하고 남은 기름을 모아서 빨랫비누를 만들어라 등등 초록이의 잔소리가 보통이 아니었다.

"안 돼요! 잠깐 기다리세요."

초록이는 얼른 자기 방으로 뛰어가더니 낑낑대며 커다란 화분을 들고 나왔다.

엄마가 입을 딱 벌리고 물었다.
"그게 도대체 뭐니?"
초록이가 자랑스럽게 말했다.
"환경 용사 초록이가 만든 특제 지렁이 화분요!"
"지, 지렁이 화분이라고? 그럼 그 안에 지렁이를 키운단 말이니?"
"네. 지렁이가 가득 들어 있어요."
"아유, 징그러워!"
초록이 엄마는 뒤로 한 걸음 물러서며 소리쳤다.
"징그럽다고요? 엄마, 지렁이가 얼마나 착한 동물인지 아세요? 지렁이는 자연이 낳은 뛰어난 재활용 전문가예요. 여기다 음식물 쓰레기를 넣어 두면 지렁이가 그걸 먹고 퇴비로 바꿔 준다고요. 그럼 그 퇴비로 엄마가 좋아하는 식물들에게 영양분을 줄 수도 있어요. 자, 엄마! 어서 여기다 음식물 쓰레기를 넣어 주세요."

초록이가 화분을 엄마에게 불쑥 들이밀었다.

"알았다, 알았어. 그런데 지렁이가 화분 밖으로 기어 나오지는 않는 거지?"

엄마는 손가락이 닿지 않게 조심하며 음식물 쓰레기를 화분에 부었다.

"걱정 마세요. 지렁이는 흙을 좋아하니까 이 속에서 행복하게 살 거예요."

초록이는 빈 쓰레기봉투를 집어 들고 잠깐 노려보더니 말을 이었다.

"엄마, 비닐봉지가 환경에 얼마나 심각한 해를 끼치는지 아세요? 완전히 환경 파괴범이라고요!"

"비닐봉지는 썩는 데 굉장히 오래 걸린다지? 그래도 쓰레기봉투는 분해가 잘되는 비닐이라더라. 보통 비닐봉지가 문제래."

엄마가 얼른 쓰레기봉투를 빼앗았다.

"그것만이 아니에요. 비닐봉지가 바다로 흘러가면 바다 동물들이 비닐봉지를 해파리인 줄 알고

먹는대요. 그러고 나서 위장에 붙은 비닐봉지 때문에 배가 안 고프다고 생각하고 먹이를 먹지 않다가 영양실조로 죽는대요."

"어머, 끔찍해라. 알았어. 이제부턴 꼭 장바구니를 들고 장을 보러 갈게. 그나저나 우리 아들 기특하네? 진짜 환경 용사가 되었구나?"

엄마가 초록이의 머리를 쓰다듬었다. 하지만 표정은 왠지 떨떠름했다.

"이 정도 가지고 뭘 그러세요? 앞으로도 제가 쭉 지켜볼 테니까 엄마도 지구를 구하는 일에 함께해요."

초록이는 으스대며 거실로 나갔다.

거실에서 모든 걸 지켜보고 있던 낙타 아저씨는 코를 후비며 초록이에게 말을 걸었다.

"너 한꺼번에 너무 많이 변한 거 아니냐? 사람이 갑자기 변하면 탈 난다던데."

"무슨 말씀이세요? 저는 원래부터 환경을 생각하던 사람이었다고요."

낙타 아저씨가 낄낄대며 말했다.

"네가? 햄버거라면 사족을 못 쓰고, 에너지를 마구 낭비하던 사람이 누구였더라?"

"쳇, 그렇게 비웃으면 기분 좋으세요? 아저씨는 미래에서 온 나라면서요? 저를 욕하면 과거의 아저씨를 욕하는 거 아녜요?"

초록이가 야무지게 대꾸하자 낙타 아저씨는 할 말을 잃었다. 맞는 말이었다. 과거의 자기 자신을 비웃어 봤자 자기 얼굴에 침 뱉기였다.

아미르가 가시 풀을 되새김질하다가 웃으며 말했다.

"하하. 초록이 너 정말 똑똑해졌다. 이제 무야베가 감히 이 시대로 쳐들어올 생각은 못하겠는데?"

동물원에서 한바탕 싸움이 벌어진 뒤로 무야베와 아포칼립스는 모습을 드러내지 않았다. 사자가 무서워서가 아니라 바로, 초록이가 무서워서였다. 초록이가 환경 지식으로 똘똘 뭉치면 무야베가 보내는 교란 전파는 힘을 잃는다고 했다. 자기가 바로 지구를 구할 슈퍼맨이라고 생각하니 초록이 어깨에 절로 힘이 들어갔다. 그런데 아무래도 힘이 들어가도 너무 들어간 것 같았다. 요즘 초록이는 낙타 아저씨는 저리 가라 할 정도로 잔소리꾼이 되어 있었다.

초록이가 거실 쓰레기통을 열어 보더니 소리쳤다.

"아니, 엄마! 여기 웬 약이 버려져 있는 거죠?"

엄마가 거실로 뛰어나오며 말했다.

"그거? 너무 오래된 약이라서 버렸는데, 왜? 약은 그냥 버려도 되잖아. 분리수거함에 약이라고 쓰여 있는 건 못 봤어."

"그런 말씀 마세요. 약이 그냥 버려져서 흙이나 물에 스며들면 생태계에 얼마나 안 좋은지 아세요? 항생제를 먹은 물고기가 어떻게 될지 생각해 봤어요?"

"그럼 어디다 버려야 하는 거니?"

엄마가 얼른 쓰레기통에서 약을 꺼내 들었다.

"엄마가 한번 맞혀 보세요. 질문! 못 쓰게 된 약은 어디에다 버릴까요? 음, 너무 어려울 것 같으니까 보기를 내 드리죠. 1번 아무 쓰레기통. 2번 재활용 의류 수거함. 3번 아파트 정원 하수구. 4번 약국에 있는 폐의약품

수거함. 정답은 뭘까요?"

초록이는 한껏 잘난 척을 하며 문제를 냈다. 낙타 아저씨와 아미르의 질문에 답하느라 진땀을 빼던 시절은 벌써 까맣게 잊어버린 모양이었다.

"약국에 있는 폐의약품 수거함!"

"정답입니다! 우아, 뜻밖인데요? 엄마가 정답을 맞힐 줄이야."

초록이가 싱글싱글 웃었다.

"넌 엄마가 바보인 줄 아니? 어쨌든 이제 됐지?"

엄마는 약 봉지를 들고 재빨리 거실에서 사라졌다.

"어휴, 초록이 저 녀석 때문에 맘 편히 살긴 다 틀렸네."

엄마의 뒷모습 뒤로 꼬리처럼 작은 투덜거림이 따라붙었.

낙타 아저씨와 아미르는 둘이 한 덩어리가 되어 초록이가 대단하다느니 놀랍다느니 떠들어 대면서 낄낄거렸다.

초록이는 그들이 비웃거나 말거나 아랑곳하지 않고 온 집 안 쓰레기통을 살피며 돌아다녔다.

# 환경 용사 초록이의 변신

변신 전

좋아하는 음식: 햄버거

꼭 가지고 다니는 물건: 휴대 전화

입은 옷: 폴리에스테르 셔츠와 청바지

이 닦을 때 물 틀어 놓기

습관: 방에 불 켜 놓기

하루 종일 컴퓨터 켜 놓기

변신 후

꼭 가지고 다니는 물건: 자기만의 컵

좋아하는 음식: 된장찌개와 두부

좋아하는 옷: 대나무로 만든 셔츠와 유기농 티셔츠

습관: 집안의 쓰레기통 뒤지기

방마다 불 끄고 다니기

지렁이 밥 주기와 수도꼭지 잠그기

# 아미르도 알고 있다 환경 지킴이, 이건 꼭!

전 세계 사람들이 버리는 쓰레기의 양은 1년에 20억 t이나 된다고 해요. 이러다 가는 2050년이 되면 전 세계 쓰레기의 양이 34억 t으로 늘어날 거예요. 우리가 버린 쓰레기들은 모두 어디로 갈까요? 지구 밖으로 던져 버리는 걸까요? 아니에요. 쓰레기는 우리와 함께 지구에 남아 있어요. 사람들은 쓰레기를 대부분 땅속에 묻는답니다. 하지만 잘 썩지 않은 쓰레기가 땅속이나 지하수로 스며 들어가면서 지구를 오염시켜요.

### 쓰레기는 어떻게 처리될까요?

우리가 날마다 버리는 쓰레기들은 어디로 갈까요? 재활용품들은 분리수거 해 가고, 쓰레기봉투에 담아 내놓은 것들은 쓰레기차가 와서 싣고 가요. 쓰레기차가 싣고 간 쓰레기는 쓰레기 매립장으로 가져가서 땅속에 묻지요.

어떤 쓰레기는 소각장에서 불태워져요. 그런데 쓰레기를 태울 때는 공기를 오염시키는 연기와 먼지, 우리 몸에 해로운 환경 호르몬을 만들어 내는 다이옥신 등이 함께 뿜어져 나와요. 다행히 요즘은 소각장에 정화 시설이 있어 오염 물질을 걸러내요.

### 썩지 않는 쓰레기, 비닐봉지와 플라스틱!

옛날에는 쓰레기 문제가 그리 심각하지 않았어요. 옛날 사람들은 모든 걸 아껴 쓰고 잘 버리지 않았거든요. 남은 음식물 쓰레기는 개나 닭이 먹었지요. 그때는 플라스틱처럼 오랫동안 썩지 않는 쓰레기도 없었답니다.

요즘은 잘 썩지 않는 쓰레기 때문에 야단이에요. 석유를 원료로 만든 비닐이나 스티로폼, 플라스틱 같은 것들은 잘 썩지 않아요. 땅속에 묻은 뒤 수백 년, 수천 년이 지나도 썩지 않는 것들도 있어요. 그렇다고 함부로 태워 버릴 수도 없어요. 태우면 다이옥신 같은 독성 물질이 나오니까요.

썩지 않는 쓰레기를 줄이는 방법은 하나뿐이에요. 될 수 있으면 이런 물건을 쓰지 않는 것이지요. 우리나라 사람들이 한 해에 쓰는 비닐봉지는 무려 190억 장이나 된다고 해요. 비닐봉지를 그렇게 많이 쓸 필요가 있을까요?

**쓰레기 분리 배출과 재활용**

모든 쓰레기를 쓰레기봉투에 넣어서는 안 돼요. 재활용할 수 있는 것들은 종류별로 나눠서 버려야 하지요.

물건을 다 쓰고 나면 포장재를 자세히 살펴보세요. 음료수 병이나 과자 상자 등에 분리 배출 표시가 보일 거예요. 화살표 세 개가 맞물려 삼각형 모양을 이루고 있는 표시예요. 그 표시 안에 포장재가 무엇으로 만들어졌는지 적혀 있어요. 종이, 철, 알루미늄, 유리, PP 또는 PET 같은 플라스틱으로 구분되어 있지요. 이 표시에 따라서 쓰레기를 전용 수거함에 분리해서 버리세요. 이런 것들은 가져가서 종이나 병으로 다시 만들어 재활용하니까요.

옷은 의류 수거함에 넣으세요. 그러면 재활용 단체에서 옷을 깨끗이 빨아서 필요한 사람들에게 보낸답니다.

# 낙타 아저씨가 귀띔하는 지구 살리기 비법

쓰레기 문제가 얼마나 심각한지 아저씨가 다시 한번 얘기해 줄까요? 어떤 과학자가 쓰레기가 어떻게 됐는지 알아보려고 용감하게 쓰레기 매립장을 파 보았어요. 그랬더니 버린 지 10년이 넘은 햄버거가 새것처럼 그대로 있었다고 해요. 썩지도 않고 바싹 마른 채 원래 모양 그대로 말이에요. 어때요? 끔찍하지 않아요? 쓰레기는 버리면 끝이라는 생각은 이제 그만하세요. 우리가 쓰레기 문제에 신경 쓰지 않으면 지구는 금방 쓰레기통이 되어 버릴 거예요!

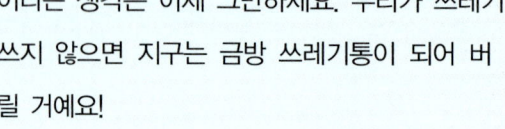

### 일회용품을 쓰지 말자!
종이컵이나 스티로폼 그릇 같은 일회용품은 쓰레기를 만드는 주범이에요. 될 수 있으면 일회용품은 쓰지 마세요. 혹시라도 스티로폼 그릇을 쓰는 곳에서 음식을 사 먹었다면 그릇은 재활용할 수 있게 가게에 돌려줘요.

### 비닐봉지는 그만!
가게에서 물건을 살 때는 장바구니를 가져가세요. 그래서 비닐봉지 대신 장바구니에 물건을 넣도록 해요. 집에 있는 비닐봉지도 한 번 쓰고 버리지 말고, 여러 번 재활용하세요.

### 건전지나 형광등은 특별 수거함에!

건전지를 그냥 쓰레기통에 버리면 절대 안 돼요. 건전지에는 땅을 오염시키는 위험한 중금속이 많이 들어 있거든요.

다 쓴 건전지는 반드시 학교나 관공서, 아파트 단지에 있는 폐건전지 수거함에 넣으세요.

### 물건을 살 때는 다시 한번 생각하기!

무언가를 사면 반드시 쓰레기가 나와요. 이전에 쓰던 물건을 버리니까 그렇기도 하고, 새 물건의 포장재도 만만치 않게 쓰레기를 만들어 내지요. 물건을 살 때는 지금 사려는 게 꼭 필요한지 다시 한번 생각해 봐요. 잊지 말아요! 쇼핑을 줄이는 것이 쓰레기를 줄이는 길이랍니다.

### 음식물 쓰레기를 자원으로!

음식물 쓰레기를 땅에 그냥 묻으면 썩은 물이 생기며 고약한 냄새를 풍겨요. 그렇게 땅과 물을 오염시키지요. 하지만 음식물 쓰레기를 따로 모아 재활용하면 좋은 자원이 돼요. 음식물 쓰레기로 가축 사료를 만들거나 땅을 기름지게 하는 퇴비를 만들 수 있지요. 또 음식물 쓰레기를 잘 발효시키면 바이오가스로 바뀐답니다. 이 가스는 천연가스처럼 에너지로 쓸 수 있어요. 그러니 음식물 쓰레기는 꼭 따로 버리세요.

### 지렁이 화분을 만들자!

초록이처럼 지렁이 화분을 하나 만들면 어때요? 음식물 쓰레기를 말끔히 처리할 수 있고, 지렁이의 배설물로 정원을 가꿀 퇴비도 만들 수 있어요. 만드는 법은 그리 어렵지 않아요. 화분에 흙과 함께 지렁이를 넣어요. 그리고 햇빛이 들어오지 않게 화분을 검은 천으로 덮고 가만히 놔두었다가, 이틀 뒤부터 음식물 쓰레기를 넣어 주면 돼요. 잠깐! 지렁이는 채소를 좋아해요. 고기나 생선 뼈다귀는 넣지 마세요.

# 밥상 위에 숨어 있는
## 건강한 내일

'유전자 조작 식품'이란 말을 들어 봤나요?
유전자 조작 식품은 어떤 음식이고, 왜 우리 몸에 해로울까요?
환경 용사 친구들과 공부한 뒤 여러분의 밥상 위를 잘 둘러보세요!

 초록이 아빠가 욕실에서 손을 씻고 나오자 온 가족이 저녁 식탁에 둘러앉았다. 일요일 저녁이라 아빠, 엄마, 초록이, 낙타 아저씨가 모두 한자리에 모였다. 아미르는 식탁에 앉기에는 덩치가 너무 커서 거실 한쪽에 따로 밥상을 두고 앉았다.
 "모두 모였네요. 식사합시다. 아저씨, 어서 드세요."
 초록이 아빠의 말이 끝나기가 무섭게 낙타 아저씨는 바쁘게 수저를 놀리기 시작했다.
 "어이구, 식탁이 푸른 풀밭이네요. 일요일 저녁인데 고기반찬도 좀 하지 그랬어요? 온 식구가 모여서 먹는 날인데."
 초록이 아빠가 식탁 위를 훑어보고는 엄마에게 말했다. 식탁 위는 채소 반찬으로 온통 푸릇푸릇했다.
 "무서워서 어디 고기를 먹을 수가 있어야죠. 구제역에서부터 아프리카 돼지 열병까지 동물들이 전염병에 곧잘 걸리니까요. 그냥 나물 반찬

하고 드세요."

초록이 엄마가 나물 그릇을 아빠에게 밀어 주었다.

"참, 그렇지요. 얼마 전에도 아프리카 돼지 열병 때문에 야단이었죠? 하지만 사람이 구제역이나 아프리카 돼지 열병에 감염될 확률은 매우 낮다고 해요."

아빠 말에 낙타 아저씨가 무슨 말인가를 꺼내려고 입에 넣던 숟가락을 다시 뺐다. 그러나 초록이가 좀 더 빨랐다.

"아무리 그렇다 해도 전 이제 고기를 먹고 싶지 않아요. 사람들이 돼지나 소를 한곳에 몰아넣고 공장에서 물건 찍어 내듯이 키웠다면서요? 동물도 엄연히 생명인데 우리에 가둬 놓고 사료만 잔뜩 먹여 뒤룩뒤룩 살이 찌게 하다니! 동물로는 전혀 보지 않고 사람이 먹을 고기로만 본 거잖아요."

어찌나 흥분하며 이야기했던지 초록이 입에서 침이 사방으로 튀었다.

초록이 엄마는 식탁 위로 날아다니는 침방울을 보고 못마땅한 표정을 지었다.

초록이가 잠시 씩씩거리는 사이, 낙타 아저씨가 겨우 끼어들었다.

"초록이 말이 맞아. 고기를 많이 만들어 낸답시고 한 품종만 찍어 내듯이 키우다가는 언젠가 더 큰 난리가 날 수도 있어. 강력한 새 바이러스가 나타나면 생물 한 종이 그대로 멸종해 버리고 말 거라고. 야생의 자연처럼 다양한 종이 서로 경쟁해야 살아남는 종도 있는 건데."

아미르도 흥분해서 벌떡 일어서며 말했다.

"인간들이 하는 일은 정말 상상을 뛰어넘어요. 초식 동물인 소에게 같은 소의 뼈와 살을 사료로 만들어 먹였다면서요? 아유, 끔찍해. 저한테 낙타 뼈를 갈아 먹일 생각은 절대 하지 마세요."

초록이 엄마가 당당히 말했다.

"들었죠? 이런데 어떻게 고기반찬을 올려놓겠어요? 그러니까 당신도 투덜대지 마세요."

"나도 뭐 고기반찬이 먹고 싶어서 그런 건 아니에요. 식구들이 모처럼 함께 저녁을 먹으니까 특별한 반찬 하나쯤은 있어야 할 것 같아서 그런 거죠."

아빠가 머쓱해하며 어색한 웃음을 지었다.

"특별한 반찬요? 여기 있잖아요. 환상의 맛, 두부조림! 고기를 못 먹는 대신 두부로 단백질을 채워야죠. 내가 음식 솜씨가 좀 뛰어나잖아요. 이 두부조림을 먹어 보면 불고기보다 더 맛있다는 걸 알게 될걸요? 호호."

아미르가 천천히 고개를 끄덕였다. 초록이 엄마는 아미르가 자기 말에

맞장구치느라 그러는 줄 알고 아미르를 보고 웃음 지었다. 그러나 사실 아미르가 고개를 끄덕인 뜻은 따로 있었다. 초록이가 누굴 닮아서 그렇게 잘난 척을 하는지 궁금했는데, 지금 초록이 엄마를 보니 알 것 같았기 때문이다. 하지만 물론 아미르는 그런 말을 입 밖으로 꺼내지는 않았다. 그랬다가는 마른 풀도 못 얻어먹을 게 뻔했다.

초록이가 갑자기 두부를 가리키며 소리쳤다.
"잠깐! 두부는 콩으로 만들죠?"
"물론이지."
초록이는 엄격한 수사관처럼 심각한 말투로 말했다.
"엄마, 그럼 이 두부가 유전자 조작 콩으로 만들어졌는지 아닌지는 확인하셨겠죠?"
"뭐라고?"
"유전자 조작 콩으로 만든 두부 아니냐고요."
"유전자…… 그게 뭔데?"
조금 전까지 당당하던 초록이 엄마의 표정이 순식

간에 바뀌었다.

초록이가 답답하다는 듯 가슴을 치며 말했다.

"엄만 그것도 몰라요? 콩 수확량을 늘리려고 유전자를 조작해서 만든 콩 말이에요."

"수확량을 늘리려고 그랬다고? 그럼 좋은 거지? 아직 아프리카에는 굶어 죽는 사람들이 많다던데."

"아니에요, 엄마. 유전자 조작 콩은 위험한 거예요."

"위험해? 왜?"

초록이 엄마가 고개를 갸웃거렸다. 초록이는 얼른 대답하고 싶었지만 그럴 수가 없었다. 유전자 조작 콩이 위험하다는 건 알지만, 왜 위험한지는 사실 잘 몰랐기 때문이다.

초록이가 머뭇거리자 초록이 아빠가 나섰다. 아까 고기반찬 없느냐고 세상 물정 모르는 소리를 했던 게 창피했던지, 이번에는 아주 진지하게 전문가처럼 설명했다.

"인간이 자연에 일부러 어떤 조작을 가하면 예상치 못한 무서운 결과를 가져올 수 있어요. 유전자는 원래 생물체가 오랜 세월 동안 변이를 거쳐 자연에 적응해 온 결과이지요. 그런데 그걸 인간이 한순간에 바꾸어 버리면 생물체는 스트레스를 받게 돼요. 그러면 갑작스레 이상한 바이러스 같은 게 생겨날 수 있지요. 어쨌든 유전자를 조작하면 어떤 결과가 나오는지는 아직 증명이 되지 않았어요. 인간이 유전자를 조작하기 시작한 지가 그리 오래되지 않았거든요. 그래서 아직은 위험하다고 여기는 거예요."

"맞아요. 참, 우리나라도 유전자 조작 농산물에는 반드시 표시를 하도록 법으로 정해져 있어요. 두부가 담겨 있던 통을 보면 유전자 조작 콩인지 아닌지 적혀 있을 거예요."

초록이가 벌떡 일어나 쓰레기통에서 두부 포장재를 꺼냈다.

"다행이에요, 엄마. 이건 유기농 국산 콩으로 만든 두부네요."

초록이가 판결을 내렸다.

"엄마는 유기농 제품 아니면 안 산다니까. 고기를 안 사는 대신 좀 비싸도 유기농 제품을 산단다. 다들 이 식탁이 건강 식탁인 줄이나 아세요. 몸에 해로운 건 하나도 없다니까요."

초록이 엄마의 어깨가 다시 당당하게 펴졌다.

"근데 좀 쉬운 말로 하지. 유전자 조작이니 뭐니 하니까 알아들을 수가 없잖아."

엄마가 작은 소리로 덧붙였다.

"그래서 환경을 지키고 건강을 지키려면 모두 공부를 해야 돼. 사람들이 잘 몰라서 환경을 해치는 경우도 많거든."

낙타 아저씨가 두부조림을 젓가락으로 집어 들며 말했다. 느긋하게 두부조림을 입에 넣던 낙타 아저씨는 얼굴을 찡그렸다.

"에이, 두부조림은 금방 해서 따끈해야 맛있는데. 이거 식었잖아?"

"어머, 그래요? 우리가 이야기를 너무 많이 해서 그새 식었나 봐요. 제가 금방 데워 드릴게요."

초록이 엄마는 두부 접시를 들고 가 착착 랩을 씌웠다. 그리고 전자레인지에 접시를 넣고 막 버튼을 누르는데, 초록이가 비명을 질렀다.

"엄마! 안 돼요!"

"왜?"

깜짝 놀란 엄마가 얼른 돌아보았다.

"지금 그걸 전자레인지에 넣고 돌리려고 하시는 거예요?"

"응. 그런데, 왜?"

"안 돼요. 랩을 씌워서 전자레인지에 돌리면 □□□이 나온단 말이에요."

중요한 말을 듣지 못한 엄마가 되물었다.

"뭐라고? 뭐가 나온다고?"

"헤헤. 공부 좀 하시라고 제가 일부러 문제를 낸 거예요."

"얘, 엄마가 학교 졸업한 지 얼마나 오래됐는지 아니? 좀 봐줘. 답이 뭐니?"

"안 돼요. 문제 내놓고 답을 가르쳐 주는 게 어디 있어요?"

초록이는 고개를 절레절레 흔들었다.

"초록아, 그럼 아빠가 대답해도 되겠니? 흠, 이건 아빠한테도 어려운 문제인데."

아빠는 엄마를 도와주려고 짐짓 어렵다는 시늉을 했다.

"좋아요."

"혹시……. 환경 호르몬?"

초록이가 환하게 웃으며 말했다.

"맞아요! 환경 호르몬이 정답이에요. 환경 호르몬은 우리 몸에 이상을

가져오는 물질 가운데 하나예요."

낙타 아저씨는 혼자 고개를 숙이고 낄낄대기 시작했다. 엄마, 아빠 앞에서 온갖 잘난 척을 다 해 대는 초록이가, 아무리 과거의 자신이라지만 우스워서 견딜 수가 없었다.

"이제 그만 미래로 돌아가도 될 것 같지 않아요?"

아미르가 식탁 밑으로 고개를 쑥 들이밀고는 낙타 아저씨에게 작게 속삭였다.

"그런 것 같지? 여기는 초록이에게 맡겨 둬도 걱정 없겠어."

"음, 걱정이 좀 있기는 하죠. 초록이 저 녀석, 어찌나 극성인지 아주머니 아저씨가 스트레스 많이 받으시겠어요."

"그건 그래. 한동안 좀 시달리실 거야. 하지만 걱정 마. 엄마 아빠도 머지않아 환경을 살리는 일에 앞장서시거든. 초록이 덕분에 환경 가족상까지 받게 된다니까."

낙타 아저씨가 과거의 기억을 떠올리며 말했다.

"그래요? 그건 언제예요?"

"아마 1년쯤 뒤의 일이지? 그때까진 고생 좀 하실 거야. 흐흐."

그사이 초록이 엄마가 랩 없이 전자레인지에 데워 온 두부조림을 식탁에 쾅 내려놓으며 큰 소리로 말했다.

"자, 여기 유기농 국산 콩으로 만든 두부에, 환경 호르몬 걱정 없이 데운 두부조림 나왔어요. 많이들 드시고 건강하세요!"

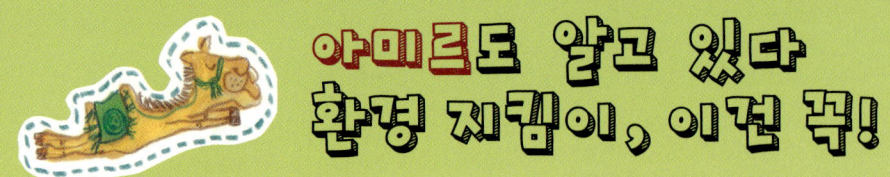
# 아미르도 알고 있다 환경 지킴이, 이건 꼭!

우리가 먹는 음식은 모두 자연에서 나와요. 그 음식을 먹고 우리는 생명을 이어 가지요. 환경이 나빠지면 우리가 먹는 음식도 자연히 해로워져요. 그걸 먹는 우리의 건강도 나빠지고요. 그런데도 사람은 자연에 사는 동식물에게 나쁜 영향을 주기도 하고, 지구 환경을 망가뜨리기도 해요.

**밥상을 차리기 위해 인간은 지구를 어떻게 만들었을까요?**

인간은 6000년 동안 농사를 지어 왔어요. 인구가 점점 늘어나자 사람들은 수확량을 늘리려고 농약으로 수많은 곤충을 죽이고, 화학 비료를 땅에 뿌려 땅 힘을 약하게 만들었지요. 또 사람들은 좋아하는 곡식이나 채소만을 얻기 위해 아주 적은 종의 식물들만 남겨 놓았어요. 자연에 있던 다양한 식물 종들이 그렇게 멸종해 버렸지요.

고기를 먹기 위해 사람이 동물에게 한 일은 더욱 심각해요. 소와 돼지, 닭 등을 좁은 우리에 가둬 놓고 사료를 먹여 키웠어요. 동물도 인간이 먹기 좋은 품종만 남겨 놓아 다양성이 사라졌지요. 또 사람들은 가축이 병에 걸리지 않게 하려고 항생제 주사를 놓기도 했어요. 그런 고기를 많이 먹은 사람은 면역력이 약해져 건강에 문제가 생긴답니다.

바다에 있는 물고기도 점점 줄어들고 있어요. 옛날에는 어부들이 물고기를 먹을 만큼만 잡았지만, 요즘은 거대한 원양 어선들이 물고기를 싹쓸이해요. 이렇게 어린 물고기까지 다 잡아들이면 어떻게 될까요? 앞으로는 물고기가 점점 모자라게 될 거예요.

### 유전자 조작은 안전할까요?

병이나 해로운 곤충에도 잘 견디게 하기 위해, 사람들은 옛날부터 곡식이나 채소의 품종을 더 좋게 만들려고 노력했어요. 튼튼한 품종만 골라 심거나, 품종을 섞어 교배를 했지요. 그 덕분에 곡식의 수확량이 늘어났어요.

유전자 과학이 발달한 요즘은 품종을 개량하는 대신 인간이 유전자를 직접 바꾸는 '유전자 조작'을 해요. 더 튼튼한 유전자를 만들어 내는 거예요. 하지만 유전자 조작은 인간을 위해서 자연을 마음대로 바꾸는 방법이에요. 품종 개량은 오랜 시간에 걸쳐 자연을 잘 살펴보며 이루어지지만, 유전자 조작은 짧은 시간에도 할 수 있어요.

유전자 조작을 해서 만든 농산물은 아직까지 안전하다고 증명되지 않았어요. 유전자 조작을 당한 식물은 스트레스를 받아서 독성 물질을 만들거든요. 이 독성 물질은 그 식물을 먹는 사람에게도 안 좋은 영향을 미치지요.

우리나라는 2001년에 모든 농산물에 유전자 조작 농산물인지 아닌지를 표시하도록 하는 제도를 시행했어요. 하지만 콩으로 만드는 간장, 된장, 두부 또는 옥수수로 만드는 팝콘, 콘플레이크, 식용유 등에 수입 농산물이 들어갔을 경우, 유전자 조작 농산물인지 아닌지 확인할 방법이 없답니다. 또 식용유나 버터 등을 만들 때 유전자가 조작된 원료를 사용했어도 생산 과정에서 정제되어 유전자 조작 DNA가 거의 남지 않은 경우에는 따로 표시하지 않아도 된다고 해요.

### 환경 호르몬이란 무엇일까요?

호르몬은 우리 몸이 살아가는 데 필요한 여러 가지 일을 하는 과정에 몸 안에서 나오는 물질이에요. 그런데 신기하게도 우리가 살아가는 환경 속에도 호르몬과 비슷한 물질들이 있어요. 환경 호르몬은 인간의 산업 활동을 통해 생긴 화학 물질로, 우리 몸에 흡수되면 이상을 일으켜요.

이 환경 호르몬 가운데 어떤 것은 사람의 성호르몬과 비슷해서 아기를 갖는 데 문제를 일으키기도 하지요. 음식을 싸는 랩이나 비닐 팩, 아기의 젖병 등을 쓸 때는 환경 호르몬이 나오지 않도록 반드시 주의해야 해요.

# 낙타 아저씨가 귀띔하는 지구 살리기 비법

사람이든 동물이든 음식을 먹어야 살지요. 그런데 오늘 맛있게 먹은 음식이 알고 보니 내 몸을 해치고 있다면? 또 우리가 모르는 사이에 음식을 먹으며 지구를 망치고 있다면? 환경 용사 여러분! 밥상부터 지키자고요!

### 제철 음식을 먹자!

봄, 여름, 가을, 겨울, 계절마다 다른 채소와 과일이 나오지요. 그 계절에 나오는 제철 음식을 먹는 게 건강에 가장 좋아요. 봄에 나온 수박은 비닐하우스에서 키운 거예요. 빨리 재배해서 팔려고 약품을 주사했을지도 몰라요. 또 비닐하우스에서 채소를 기르기 위해서는 보일러를 켜야 해요. 이렇게 화석 연료를 쓰면 지구 온난화가 앞당겨져요. 건강에 좋은 제철 음식 먹고 지구도 지키자고요.

### 웬만하면 가까운 곳에서 난 음식을 먹자!

바나나, 오렌지, 망고, 아몬드, 초콜릿, 콜라……. 세상엔 맛있는 것들이 참 많지요? 그런데 이런 식품들은 우리나라에서는 나오지 않는 것들이에요. 웬만하면 다른 나라에서 수입한 음식은 먹지 않는 게 좋아요. 먼 데서 오는 동안 상하지 않게 하려고 약품을 넣는 경우가 많거든요.

### 친환경 농산물을 먹자!

'친환경 농산물'이란 농약이나 화학 비료를 적게 써서 재배했거나 아예 쓰지 않은 농산물을 말해요. 친환경 농산물이 몸에 더 좋은 건 말할 필요도 없겠지요? 그뿐 아니라 친환경 농산물은 땅과 곤충도 살린답니다. 요즘은 농약 대신 천적을 이용해서 농사를 짓기도 해요. 예를 들어 오리들을 논에 풀어 놓아 벌레를 잡아먹게 하는 거예요. 화학 비료 대신 미생물 퇴비를 뿌려 주기도 하고요. 이렇게 재배한 유기농 채소나 과일은 건강에도 좋고 환경에도 좋아요.

### 고기는 가끔 먹는 걸로 충분해!

일주일에 고기를 몇 번이나 먹나요? 네? 날마다 먹고 싶다고요? 고기는 일주일에 두어 번 먹는 걸로도 충분해요. 햄버거 하나를 만드는 데 드는 에너지는 우리가 햄버거를 먹고 얻는 에너지보다 훨씬 많답니다. 그러니 건강에도 좋은 채소를 많이 먹으세요. 지구 에너지를 아껴 쓰는 일이기도 하니까요.

### 과자 봉지를 뜯기 전에 잘 살펴봐!

과자는 많은 과정을 거쳐서 만들어져요. 여러 가지 재료를 섞고 기름에 튀기기도 하지요. 그러는 동안 몸에 나쁜 물질을 넣기도 해요. 과자를 먹을 때는 언제나 포장지를 꼭꼭 살펴봐요. 유통 기한은 지나지 않았는지, 몸에 해로운 물질이 들어 있지는 않은지 확인하세요.

### 음식을 사 먹을 때는 특히 조심!

외식을 하면 신나지만, 먹고 탈이 나지 않도록 조심해야 해요. 몇몇 양심적이지 않은 음식점에서 나쁜 재료를 쓰는 경우가 있거든요. 화학조미료를 잔뜩 집어넣기도 하고, 다른 손님이 남긴 음식을 다시 내오기도 하지요. 어린이 메뉴도 주의 깊게 살펴봐야 해요. 음식을 알록달록 예쁘게 보이려고 색소를 잔뜩 넣을 때가 있거든요. 설탕이 너무 많이 들어 있기도 하답니다.

"자, 그럼 이제 아미르와 나는 여러분들만 믿고 미래로 다시 돌아갈게. 앞으로는 여러분이 환경 용사로서 지구를 잘 지키도록! 부탁해!"